KB265201

로또를 이기는 재테크의 비밀 60

로또를 이기는 재테크의 비밀 60

지은이 | 최순영
펴낸이 | 김원중

편   집 | 송기화
디 자 인 | 옥미향
마 케 팅 | 김재국, 정용범
제   작 | 유현미

초판인쇄 | 2008년 1월 20일
초판발행 | 2008년 1월 25일

출판등록 | 제301-1991-6호(1991.7.16)

펴 낸 곳 | (주)상상나무
         도서출판 상상예찬
주   소 | 서울시 마포구 상수동 324-11
전   화 | (02)325-5191 팩   스 | (02)325-5008
홈페이지 | http://smbooks.com

ISBN 978-89-86089-14-1 03320

값 12,000원

로또를 이기는 재테크의 비밀 60

| 최순영 지음

상상예찬

머니 플랜으로 행복한 삶이 되기를…

부자에 대한 욕구는 모든 사람에게 있다. 돈이 많다고 반드시 행복해지는 것은 아니지만 통계적으로 부자인 사람이 행복하다고 느끼는 비율이 가난한 사람보다 더 높다.

그럼 부자는 과연 타고 나는 것인가? 부자인 부모를 만났다고 본다면 그럴 수 있다. 그러나 그런 행운을 갖고 태어난 사람이 얼마나 되겠는가? 결국은 대부분은 노력에 의해 만들어지는 것이 아닌가? 그러면 이 시대에 태어난 우리는 어떻게 해야 할지 한번 고민해 보아야 한다.

우리 나라의 재벌들은 부정적인 이미지가 많다. 미국의 빌 게이츠처럼 본인의 노력에 의한 부의 축적이 아니라 오래 전부터 정권과 야합하고 혹은 부동산으로 부를 이루었다는 관점에서 보면 좋게 보이지 않는 것이 당연하다. 그러나 또 다른 관점에서 보면 기업도 생존을 위해 풍토에 맞춰 살아가다 보니 그렇게 된 것으로 생각하면 국민 경제에 긍정적인 면도 있다.

10억 만들기니 20억 만들기니 하는 말들이 스스럼없이 등장하고 재테크 관련 서적이 범람하는 이 때 팔짱만 끼고 있을 때는 아니다. 천릿길도 한 걸음부터라는 말이 있지 않은가? 이 시대를 살아가는 우리에게 가장 필요한 것은 관심이라고 할 수 있다. 세상이 바쁘게 돌아가도 나하고 별 상관없는 일이라 하면 관심을 가지지 않게 되고 기회가 주어졌을 때에도 그 기회를 인식하지 못한 채 지나치게 된다. 안타까운 일이 아닐 수 없다.

재테크에 현명한 사람이 되려면 어떻게 해야 목돈을 마련할 수 있으며 이 목돈을 어떻게 굴려야 할지 직접 체험을 하기 힘든 상황에서 간접 경험을 토대로 자기에게 알맞은 방법을 모색할 줄 알아야 한다.

사람들은 금융 기관에 몸담고 있는 사람이라면 모두 재테크 전문가인 줄 안다. 하지만 대부분의 금융 기관 직장인들도 일로서만 생각하고 관심을 기울이지 않기에 일반인과 거의 다를 바 없다. 결국 무슨 일을 하는가가 중요한 것이 아니라 노력하는 사람이 되어야 성공할 수 있다는 것이다.

필자는 금융인으로서 이십여년을 근무하면서 재테크에 대해 관심을 갖고 경험해 온 결과 조금 일찍 알았더라면 도움이 되었을 것을 하는 아쉬움이 크다. 그래서 재테크를 실천에 옮기려는 사람들에게 방향을 제시해 주고 싶은 마음에 이 책을 집필하게 되었다.

과연 독자들의 기대에 얼마나 충족할지 걱정이 앞서지만 남들이 보지 못하는 투자의 맥을 찾는 데 도움을 주고자 한다. 그리고 이 책을 읽은 모든 독자들이 재테크에 도움이 되었다고 기억해 주길 바랄 뿐이다.

대박의 2008년도를 기대하며

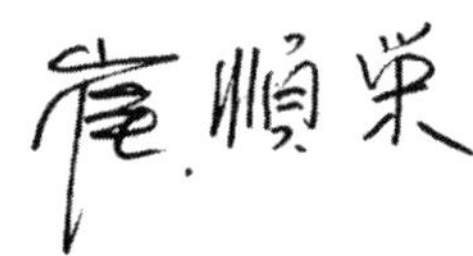

기본적 경제 지식에서 펀드, 주식 투자 및 부동산까지
현명한 돈 관리법을 가이드!

01 재테크 초보
현실에 눈을 떠라

02 내게 맞는
재테크를 찾아라

03 금융 기관과 **친해져라**

04 전월세 **제대로** 알고 하자

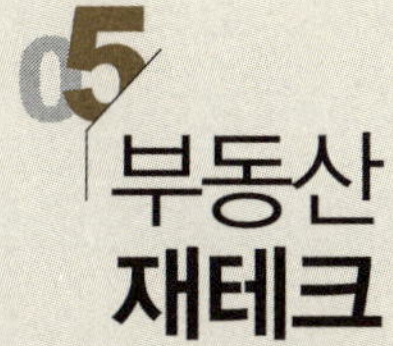

01 | 재테크 초보
현실에 눈을 떠라

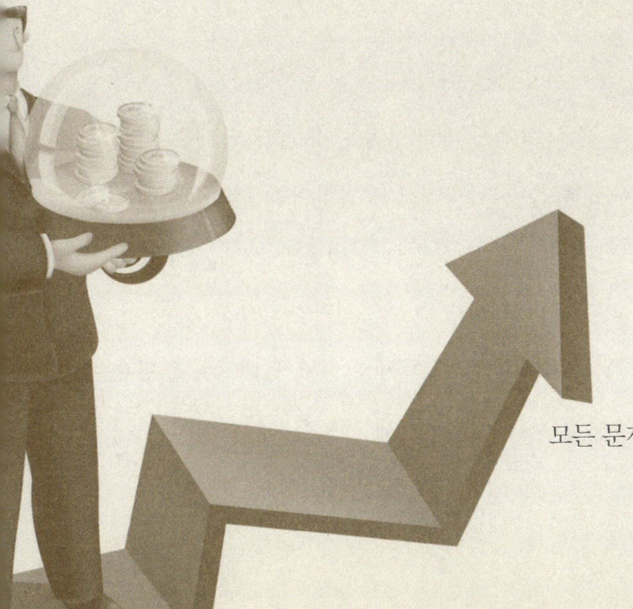

NO를 거꾸로 쓰면
전진을 의미하는 ON이 된다.
모든 문제에는 반드시 문제를 푸는 열쇠가 있다.
끊임없이 생각하고 찾아내라.
−노먼 빈센트 필−

01 현실을 직시하라

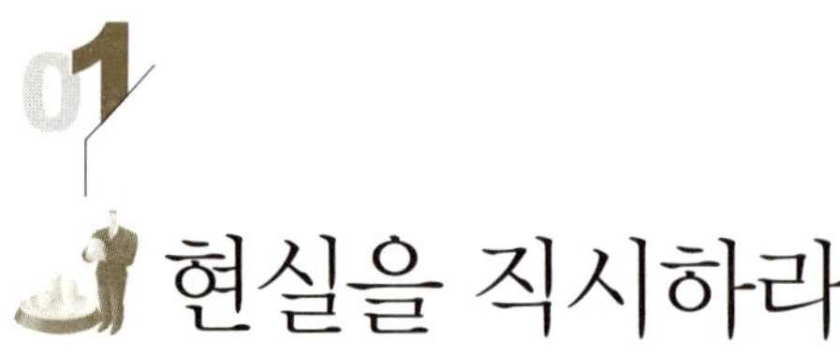

사회는 학교에서의 장학생을 우대하지 않는다.

성공하는 사람은 사회라는

색다른 세계에 빨리 적응하고 남보다 한발 앞서 더 나은 미래를 준비하는 사람이다.

1997년 외환 위기 이후 모든 사람들의 관심은 돈에 쏠리게 되었다. 그 이후 우리 사회에서 재테크라는 용어가 화제로 떠올랐다. 그러나 정작 어떻게 하는 것이 올바른 재테크 방법일까? 그리고 무시무시한 취업 경쟁에서 살아남은 20대의 젊은 직장인들을 비롯한 재테크에 첫발을 내디딘 사람들에게 정말 필요한 재테크 방법은 무엇인가?

직장 생활을 하는 사이 얻어 듣는 이야기들은 여러 가지가 있다. 내게 필요한 예금은 무엇인지, 주식은 어떻게 하는 것인지, 세를 얻을 때는 어떤 점을 조심해야 하는지, 집은 어떻게 장만해야 할지, 부동산에 투자를 한다면 어떤 집이 좋은지……. 그러나 이런 이야기들에 자극을 받아 본격적으로 재테크에 관심을 갖고 실천에 옮기는 사람은 극소수이다.

집을 장만했는데 몇 년 사이 크게 올랐다거나, 주식을 샀는데 대박이 터졌다는 이야기를 들으면 우선 부러워하는 것이 사람들의 심리이다. 그러나 문제는 여기서 더 나아갈 생각을 하지 않는다는 것이다.

자극을 받아 관련 서적을 뒤적이는 것도 조금 지나면 시들해지고, 다른 사람들의 성공은 멀게만 느껴진다. 과장된 성공담에 솔깃해 아는 것도 없이 그대로 따라 하다가 가지고 있던 재산마저 모두 잃는 사태도 종종 볼 수 있다.

사회는 학교에서의 장학생을 우대하지 않는다. 성공하는 사람은 사회라는 색다른 세계에 빨리 적응하고 남보다 한발 앞서 더 나은 미래를 준비하는 사람이다.

지금 재테크에 관심을 가지기 시작한 초보자들은 자신의 미래를 경제적인 관점에서 냉철히 바라볼 수 있는 능력이 필요하다.

요즘은 몇 사람만 모이면 재테크에 대해 거론하고, 여기저기에서 '부자 만들기' 열풍이 거세다. 신문에서는 경제에 대한 사람들의 관심을 이야기하는 기사가 끊이지 않고 텔레비전에서는 앞다투어 경제 관련 프로그램을 방영하였다. 게다가 유치원생이나 초등 학교 학생에게까지 금전 감각을 키워준다고 경제 교육을 시키는 정도이다.

이제는 현실을 똑바로 보고 앞으로의 안정된 삶을 위해서 전진해야 한다.

사회초년생들은 지금 막 경제활동의 주체가 되어 스스로 벌어 쓰는 재미를 맛보게 되는 때이다. 그러나 이때 방심하면 돈이 새어나가는 것은 시간 문제이다. 술자리에서 호기 몇 번 부리고 정장도 몇 벌 마련하면서 카드를 긁기 시작하면 월급 받은 날 은행 잔고가 바닥을 드러내는 상황을 맞이하게 된다. 이럴 때 사람들은 하나같이 "돈을 뭐에 썼는지 모르겠네."라며 머리를 긁적이기 마련이다.

지금은 예전과는 상황이 다름을 자각해야 한다. 예전처럼 20대에 취직해서 50대까지 꾸준히 직장 생활을 하다가 퇴직금을 받아 남은 여생을 보내는 것이 불가능해졌다. 취업도 힘들고 기업의 구조 조정을 피해가기도 힘들고 퇴직 후에는 낮은 은행 금리 때문에 퇴직금을 맡겨 놓아도 이자가 별로 나오지 않는다. 게다가 수명도 연장됐으니 초보 직장인들은 돈 관리나 금전 감각이 절실히 필요하다.

나는 20년이 넘는 시간을 금융 기관에서 근무하면서 예금과 보험, 주식, 채권, 부동산과 관련된 무수한 정보를 접할 수 있었다. 이러한 정보를 바탕으로, 재테크 초보자들에게 앞으로 5~10년 동안 어떻게 재테크를 해야 할 것인지 구체적으로 이야기하고자 한다.

직장인들은 입사 후 10년까지는 전문가의 이야기를 따르는 것만으로도 앞서 나갈 수 있다. 그리고 그렇게 10년을 보낸 후에는 각자의 관심과 적성에 맞는 분야에 집중하면 된다. 서당 개 3년이면 풍월을 읊는다는 말처럼, 재테크와 관련된 분야를 계속 접하다 보면 자기도 모르는 사이 재산이 늘어나는 즐거움을 맛보게 될 것이다. 또한 꾸준한 재테크 설계를 통해 자신의 행복한 노후를 보장받을 수 있다.

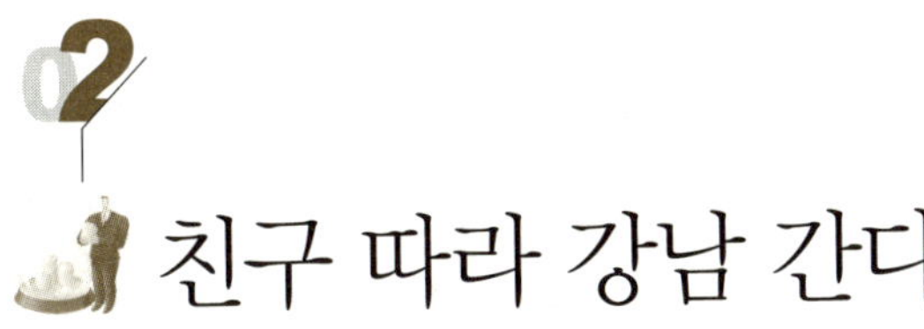

친구 따라 강남 간다

직장인들은 직장 내에서
부동산이나 저축 전문가라고 알려진 사람들이 어떻게 하는가를
관찰하고 따라하는 것만으로 실속을 차릴 수 있다.

이 세상은 혼자 사는 사회가 아니다. 사람들과의 친목도모를 위한 만남에서도 우리는 우리 자신에게 유리한 무언가를 찾을 수 있다. 나의 경우 주변 사람들의 이야기를 그냥 흘려듣지 않아 값진 경험을 하게 될 기회가 있었다. 나는 원래 도심을 좋아하지 않는다. 그러다 보니 직장생활을 수도권 인근 지역에서 오래 했는데, 그 시절의 직장 동료들은 대부분 업무가 바빠 주식이나 부동산 등에 관심을 갖고 있는 사람을 찾아보기 어려웠다.

돌이켜보면 주식 시세가 경제신문에만 게재되던 때였다. 지금은 모든 신문에서 주식 시세를 찾아볼 수 있고 인터넷에서는 실시간 확인도 가능하지만, 그때만 해도 주식 거래가 그렇게 활발하게 이루어지지 않았던 탓이다. 내가 주식 시세를 보려고 경제신문을 펼쳐들면 주변에서 이상하게 생각해서 혼자 몰래 보기도 했을 정도이다.

그러다가 서울로 발령이 나서 근무지를 옮기게 되었다. 근무를 하다 보니 이전과는 다른 점을 발견했다. 직원들이 경제신문을 돌려보고 주식 이야기도 스스럼없이 하면서 서로 정보 교환을 하는 것이 아닌가.

한번은 점심시간에 직원들이 술렁대는 분위기가 느껴져 무슨 일인가 물어보니 조합주택 조합원을 모집한다는 것이다. 나는 아는 것도 없고 해서 그냥 넘겼는데, 한 직원이 "최대리님은 이번에 안 하세요?"하고 묻는다. 내가 그게 돈이 좀 되냐고 되물었더니 그 직원 말이, 조합원만 되면 위치가 좋아서 5,000만원 이상은 오를 거라고 한다.

5,000만원을 앉아서 번다니 귀가 솔깃했지만 당시 주소가 안양이라서 조건이 맞지 않았다. 그래서 자격이 안된다고 했더니 서울로 전입신고를 하면 된다는 것이다. 눈 딱 감고 시키는 대로 했다. 얼마 지나니 거기에 5,000만원이 붙었다느니, 좀 더 있으면 1억도 오를 것 같다느니 하는 말이 들려와서 입이 귀에까지 걸린 나날들을 보냈다. '억' 이라니, 월급쟁이 입장에서는 듣기만 해도 웃음이 절로 나오는 금액이 아닌가.

결국 그 사업은 진행이 되지 않아 기대했던 것만큼 목돈이 생기지는 않았지만 그래도 나는 후회하지 않았다. 왜냐하면 그 일을 계기로 그동안 등한시하고 있었던 부동산에 다시 관심을 가지게 되었기 때문이다. 기회를 주고 잃었던 관심까지 되찾게 해주었던 그 직원에게는 지금도 고마운 마음을 가지고 있다.

주변의 분위기가 바뀌면 자기도 변하게 된다. 우리 나라 속담에 '친구 따라 강남 간다'는 말도 있다. 그것은 좋은 친구를 사귀면 그에 따라 변하게 된다는 뜻이다. 그러니 어른들은 항상 친구를 잘 사귀라고 귀에 못이 박히도록 말씀하시는 것이다. 직장인들은 직장 내에서 부동산이나 저축 전문가라고 알려진 사람들이 어떻게 하는가를 관찰하고 따라하는 것만으로 실속을 차릴 수 있다. 매사에 혼자 너무 꼼꼼하게 따지다 보면 기회는 다른 사람 손으로 넘어간다. 그러니 같이 근무하는 직원 중 믿을만한 사람을 선택해서 따라하는 것도 좋은 기회를 제공한다는 걸 명심하자.

# 재개발 기사를 보고도 지나친다구?

투자를 할 때는 끊임없이 관심을 갖고 공부를 해야 하며,
주위에서 들리는 작은 정보에 귀를 기울여야 한다.

당신이 지금 가장 관심있어 하는 것은 무엇인가 생각해 보자. 차, 옷, 가방, 신발? 거의 모든 사람들은 관심사에 따라 한가지 방향으로만 생각이 집중될 것이다.

차를 바꾸기로 결심한 사람의 눈에는 하루종일 시내를 돌아다녀도 차만 보인다. 저 차는 색깔이 어떻다는 둥, 저 차는 너무 작다는 둥, 머릿속에 차 생각만 가득하다. 하다못해 옷이나 가방을 하나 사려고 해도 주변 사람들이 뭘 입었는지, 어떤 가방을 메고 다니는지 열심히 보고 다니는 것이 사람이다.

그러나 정작 차를 바꾸거나 옷을 산 후에는 언제 그랬냐는 듯 관심이 식는다. 물론 가끔씩 좀 더 싸게 살 수 있었다거나 다른 색이 더 좋아 보인다거나 하는 후회가 밀려오면서 생각이 날 수는 있겠다.

투자를 할 때는 이렇게 한 가지에만 몰두해서는 안된다. 투자를 할 때는 끊임없이 관심을 갖고 공부를 해야 하며, 주위에서 들리는 작은 정보에 귀를 기울여야 한다. 시장에 변화의 조짐이 보이면 그에 따른 파급효과도 다각적으로 생각할 수 있어야 하는데, 그러기 위해서는 늘 눈과 귀를 열어놓고 주변 정보를 세심하게 살펴야 하는 것이다.

만일 신문에 다음과 같은 뉴스가 나왔다고 하자.

"어휴, 짜증나. 아니 지금도 맨날 막히는 길을 공사까지 하면 출퇴근은 어떻게 하라고?", "가뜩이나 땅굴 많은 나라에 지하철이 뭘 더 필요하다고 재정도 없으면서 건설? 세금 또 잔뜩 오르게 생겼군", "에이, 동네 시끄러워질 텐데 다른 데로 이사나 갈까?"

당신은 어떤 모습일까? 막히는 도로나 나라 재정 적자는 내가 고민해서 해결되는 문제가 아니다.

이럴 때는 당장 눈앞의 불편을 떠나서 다른 식으로 접근해보자. 보통의 경우 지하철이 생기면 노선을 따라 들어선 아파트의 가격이 오르고, 역사 근처의 상가도 오르며, 전반적인 교통여건의 호재로 주택 가격에 변동이 생기게 된다.

따라서 이 경우 다음과 같이 바꿔서 생각해야 한다. 재개발 기사를 보고도 그냥 지나친다면 당신을 절대 재테크에 고수에 오를 수 없다.

"지하철 노선이 들어오면 주변의 아파트 가격이 오를 텐데 지금 우리 집은 역사에서 멀리 떨어져 있단 말이지. 내 집을 팔고 역사 예정지 근처로 집을 사서 이사를 하면 재산 증식에 도움이 되지 않을까?"그리고 이런 생각과 더불어 중요한 것은 직접 행동으로 옮겨야 한다는 점이다. 생각만 하고 행동으로 옮기지 않는 사람이 80% 이상이다. 행동에 나서지 않았던 사람은 앉아서 숫자 놀음이나 하고 있게 된다. "그 때 그걸 샀으면 지금쯤 얼마가 남았을 텐데…"

후회해봤자 소 잃고 외양간 고치는 꼴이다. 직접 행동을 해야만 결과가 있는 것이다.

물론 관심도 없고 행동도 하지 않으면 아무 일도 벌어지지 않고 혹여 손해를 보는 일도 없겠지만, 정작 집을 사야 할 때는 어떨까. 평소에 아무 대비도 없다가 갑자기 집을 사야 되니 아무 곳이나 덜컥 사서 별 이득을 못 보는 경우가 있다. 오른 집값을 만끽하며 즐거워하려면 평소부터 관심을 갖고 준비하여 실행에 옮겨야 하는 것이다.

간단히 말하면, 주위에 흘러넘치는 정보를 흘러듣지 말고 확실한 정보가 있을 때는 과감히 행동에 옮겨야 한다.

한가지 예를 더 들어보자.

이 뉴스를 듣고 관심을 갖는 사람은 100점 만점에 50점 정도 줄 수 있다. 직접 현장을 방문했으나 결정을 내리지 못하는 사람은 70점. 즉시 현장에 가서 성장 가능성이 있다고 판단을 내리고 빠른 구매 결정을 한 사람이 100점이다.

0점이나 70점이나 결과로 보면 0이지만, 그래도 관심을 갖고 있다는 것 자체가 언젠가 투자를 해야 할 때 밑거름으로 작용하기 때문이다.

낡은 주택이 잔뜩 밀집된 서울의 한 지역을 보면서 "아직도 서울에 이런 동네가 있구나", "범죄율 높게 생겼다"는 식으로 생각해서는 안된다. 투자의 시각을 가지고 있는 사람이라면, 이런 동네를 보았을 때 자연스럽게 '재개발'이라는 단어를 떠올려야 한다. 서울의 허름한 지역은 결과적으로 개발이 필요한 곳이고, 결국 언젠가는 재개발이 될 지역이니 관심을 갖고 볼 필요가 있는 것이다.

첫 월급으로 이것만은 꼭 하자

청약관련 예금은 적은 금액이라도
장기간 납입한 사람이 우선순위를 받게 되므로,
일찍 가입해야 훗날 집을 분양받을 때 유리하다.

주위의 부러움을 받으며 당당하게 취업에 성공한 젊은이들. 급여 통장을 만들고 첫 월급을 받게 되면 주위에서 사람들이 던지는 얘기가 있다. "부모님 빨간 내복 하나 해드려야지?"

첫 월급으로 부모님께 선물하는 것은 당연한 것이다. 부모님이 그동안 힘들여서 의젓한 사회인으로 키워 놓았으니, 보답을 해야 할 때가 온 것이다. 한걸음 더 나아가서 해외여행이라도 보내드릴 수 있다면 더 좋다.

몇 푼 되지도 않는 첫 월급에 바라는 것이 많다고 생각할지도 모르지만, 직장인이 되었다는 것은 부모님께 선물을 할 수 있는 시간도 얼마 남지 않았다는 것을 뜻한다. 직장생활 몇 년 하면 결혼적령기가 된다. 결혼을 하게 되면 돈 나갈 곳도 많고 배우자의 눈치도 있고 하니 효도를 한다고 부모님께 선뜻 목돈을 드리기가 어렵다.

그렇다면 첫 월급으로 부모님께 선물을 드린 다음에는 무엇을 해야 할까? 대부분의 사람들이 적금을 들라든지 통장을 만들라든지 하는 피상적인 수준의 이야기만 해줄 것이다. 은행을 직장으로 삼은 나조차도 입사 후 3년까지는 "무계획이 계획"이라는 마음으로 지냈을 정도이니, 다른 사람들의 사정도 크게 다르지 않을 것이다.

은행에서 20년 넘게 근무한 지금, 내게 첫 월급으로 무엇을 해야 할 것인지 물어오는 사람이 있다면 가장 먼저 주택청약관련 예금에 가입하라고 권할 것이다.

지금 막 월급을 받기 시작한 처지에 언제 돈을 모아 집을 사려고 그걸 가입하느냐고 반문할 사람도 있을 것이다. 그러나 재테크에는 장기적인 안목이 필요하다. 청약관련 예금은 적은 금액이라도 장기간 납입한 사람이 우선순위를 받게 되므로, 일찍 가입해야 훗날 집을 분양받을 때 유리하다. 즉 적은 돈이라도 일찍 가입해서 매월 납입하면 5년, 또는 10년 후의 훌륭한 재테크 기반이 된다.

여기에 더해, 청약관련 예금을 가입하면 가입하지 않은 사람보다 관련 정보에 더 많은 관심을 갖게 된다. 단순한 예금 하나가 재테크에 관심을 가지게 되는 계기를 마련해주는 것이다.

저축을 하는 이유를 분명히 하라

뚜렷한 목적을 세우고 실천해 옮기는 마인드를 가져야 한다.

종자돈을 마련하기 위해 저축을 한다면,

그것만으로도 재테크 초보자로서의 마인드가 갖춰진 것이다.

막상 월급을 받아보면 쓸 곳은 왜 그렇게 많은 지 생각하게 될 것이다. 그런데 저축까지 하려면 얼마나 힘이 드는가?

내가 어렸을 때 주위 어른들이 종종 "월급날이 되면 심란하다"는 말을 했는 데, 당시에 나는 그 말이 이해가 되지 않았다. 많지 않은 돈이라도 돈이 들어 오면 기분이 좋아야지 왜 심란하다는 것일까.

시간이 지나고 나니 이해가 된다. 모든 지출이 월급날에 몰려 있어 월급을 받으면 미처 만져볼 새도 없이 밀물처럼 빠져나간다. 그나마 월급으로도 감당이 되지 않으면 현금서비스까지 받고, 구멍 뚫린 재정은 보너스로 때운다.

직장인들의 아우성 속에서도 묵묵하게 월급 중 50만원을 매달 꼬박꼬박 저축하는 사람이 있다고 생각해보자. 그 자체만으로도 존경스러운 사람이다.

하지만 저축을 하는 이유가 단지 모아놓고 좋아하는 것뿐이라면 아무 의미가 없다.

매달 50만원씩 1년을 저축하면 600만원이 되고, 10년을 저축하면 6,000만원이 되고, 30년을 저축해야 2억원 가까이 모인다. 그런데 1년에 600만원은 전세금 인상분에도 미치지 못하는 금액이다.

돈을 모으려면 단순히 저축을 해서 목돈을 마련해야겠다는 생각을 버려야한다는 것이다. 즉 저축을 하되 목적이 있어야 한다. 흔히 종자돈을 마련하라는 것이 바로 그것이다.

5년을 목표로 매달 50만원씩을 저축하면 3,000만원이 넘는 돈을 손에 쥘수 있다. 그러면 이 돈을 다시 어디에 굴려야 더 높은 수익을 얻을 수 있을 것인지를 생각하고 저축을 해야 한다. 단순히 다시 5년을 저축하면 6,000만원을 모을 수 있겠다는 생각으로 저축을 해서는 발전이 없다.

종자돈을 만들어서 굴리기 위해서는 종자돈이 생기는 때를 예측하여 미리여러 투자처를 찾아야 한다. 이 돈으로 집을 사는 계기를 마련할 수도 있고, 주식에 투자할 수도 있고, 상가나 토지를 살 수도 있다. 그러나 돈이 생겼을때 적절하게 투자하기 위해서는 평소에 공부를 하고 주변의 성공담도 참고하면서 미리 준비를 해야 한다.

이와 같이 뚜렷한 목적을 세우고 실천해 옮기는 마인드를 가져야 한다. 종자돈을 마련하기 위해 저축을 한다면, 그것만으로도 재테크 초보자로서의 마인드가 갖춰진 것이다.

여기에 더해 은행을 이용하면서 명심해야 할 것은, 작은 돈에 민감해져야 한다는 점이다. 인터넷 뱅킹이나 텔레 뱅킹을 이용하여 수수료를 내지 않으면서 계좌 이체를 해야 한다.

또한 예금 잔액이 있으면서 생각 없이 마이너스 통장에서 돈을 인출해 대출 이자를 문다거나, 이자가 거의 붙지 않는 입출금 통장에 많은 돈을 넣고 쓴다거나 해서는 안된다.

은행에서 대출을 받아서 쓰더라도 당당히 금리인하를 요구할 수 있어야 하고, 여유자금이 생기면 조금이라도 수익률이 좋은 상품에 가입해서 운용해야 하며, 새로운 투자 상품이 나오면 관심을 갖는 자세가 필요하다. 이렇게 해서 얻게 되는 것은 단순히 몇 퍼센트의 이득이 아니라 재테크에 대한 감각이고, 이 감각은 부자가 되는 밑바탕을 제공할 것이다.

자격증 취득으로 몸값을 올려라

자신의 가치를 높이는 데
쓰는 시간이나 비용을 줄여서는 절대로 안된다.

직장 생활을 하면서 자격증 취득을 한다는 것
이 결코 쉬운 일은 아니다. 업무량이 많아 야근이나 특근 등을 하게 되면 몸이
많이 피곤해지고 그러다보면 신체 리듬도 깨어지기 쉽다. 그래서 많은 사람들
은 나를 위한 투자를 하자고 결심하면서도 실천하기는 쉽지 않다. 그러나 자
신의 가치를 높이는 데 쓰는 시간이나 비용을 줄여서는 절대로 안된다.

직장에서 인정을 받고 꾸준하게 다니는 것도 훌륭한 재테크의 한 방편이다.
물론 월급으로 재벌이 되는 사람은 찾아보기 힘들다. 월급이라는 것이 적으

면 적은 대로, 많으면 많은 대로 다 쓸 곳이 정해져 있는 돈이다. 따라서 남들보다 더 높은 연봉을 받는다고 해서 10년 후에 다른 사람보다 더 많은 돈을 모으느냐 하면 그렇지가 않다.

그래도 월급을 받으면 일단 먹고 사는 걱정을 덜게 되고, 여분의 돈이 모이면 투자의 기회를 얻을 수도 있다. 더군다나 한 직장을 오래 다니면 퇴직금도 늘어나니, 직장이라는 곳은 꽤 괜찮은 투자처인 셈이다.

그러나 사오정(45세 정년)이니 오륙도(56세에 회사에 남아있으면 도둑) 같은 말이 직장인의 목을 조이고 있는 마당에, 평생동안 직장에 다닐 수 있다고 생각하는 사람은 아무도 없다. 평생 안정된 직장에서 돈을 벌 수 있다면 애써서 돈을 모으고 투자거리를 찾아야 할 이유도 반감된다. 매달 꼬박꼬박 나오는 돈으로도 나름대로 재미있게 살 수 있다.

따라서 직장에서 열심히 일하고 인정받는 사람이 되어 몸값을 올리는 한편, 틈틈이 재테크 공부를 하고 자격증이라도 따놓는 것이 좋다.

직장 일에 쫓기다 보면 다른 데 정신을 쏟을 여유도 없고, 이미 일을 하고 있는 상황에서는 자격증 한두 개 없어도 아쉬울 것 없다는 생각이 들 것이다. 그러나 중요한 것은 자격증 자체가 아니라, 그 자격증을 따기 위해 공부를 해야 한다는 점이다.

공부를 하다 보면 종종 우리가 일상생활에서 접하는 문제들의 해결 방법을 얻을 수 있다. 더군다나 해당 방면에 관심도 갖게 되고, 관심을 가지면 관련 정보를 들을 수 있는 기회도 늘어나게 된다. 여기에 더해 자격증까지 따면 금상첨화가 아닐 수 없다.

자격증에는 여러 가지가 있으므로 스스로 관심이 있고 필요성을 느낀 분야라면 어느 것이나 좋다. 자격증을 딴 후 사회에서 독립적으로 활동할 수 있는 분야라면 더욱 좋을 것이다.

자격증이 있다고 다 성공하는 것은 아니지만, 최소한 자격을 갖춘 후에 더 깊은 지식을 공부하고 실무를 익힌다면 퇴직 후에도 어엿한 직업으로 삼을 수 있다.

내가 굳이 직장을 다니면서 자격증을 따라고 권하는 이유는, 월급이 나오는 동안에는 '쓸모없는' 자격증이라고 생각할 수 있는 여유가 있기 때문이다. 학창 시절, 누구나 평소에 놀다가 시험 전날 급하게 공부를 해본 경험이 있을 것이다. 그럴 때 "평소에 잘 했더라면…"이라고 후회한 적은 없는가. 이제는 여유가 있을 때 조금씩 공부하여 미래를 대비하는 자세를 익혀야 한다.

07 즐기는 것은 나중에

어떤 방식으로든 앞날을 위한 준비 없이
단순히 현재를 즐길 생각만 해서는 안된다.

이제 막 사회 생활을 시작한 직장인들에게 내 집 마련이란 꿈은 먼 남의 얘기일 수밖에 없다. 그리고 집은 주거의 개념이지 소유의 개념이 아니라고 생각하는 사람도 많을 것이다.

그것도 맞는 말이다. 무리하게 집을 사서 계속 원리금을 납입해야 하는 멍에를 지고 살 필요는 없다. 집을 살 바에는 차라리 전세를 살고 남는 돈으로 취미생활을 즐기며 산다는 것도 나쁘지 않아 보인다.

그런데 집이 소유가 아닌 주거의 개념이라는 데 충실하여 계속 전세를 살려고 해도 전세금은 계속 오른다. 차도 사고 스키도 타면서 즐겁게 살다가, 계약 기간이 만료되어 집주인으로부터 전세금을 올려달라는 통보를 받으면 입장이 난처해진다. 따라서 전세를 살더라도 오르는 전세금을 대비하여 별도로 저축을 해야 한다는 결론이 나온다.

그러나 더 큰 문제는 눈앞의 전세금이 아니다. 우리나라에서는 집의 소유 여부에 따라 빈부의 격차가 한순간에 갈라진다.

두 직장인의 예를 보자.

J씨_ 부동산이나 재테크에는 관심이 없고 현재를 즐기는 스타일이다.
굳이 자기 집이 필요한 것은 아니라고 생각하여 평소 부동산에 관심을 갖지 않았다.
직장에 다니다가 결혼을 하면서 주변에서 들으니 몇 년 동안 아파트 값이 거의 변동이 없는 상태라고 한다. 따라서 굳이 자기 집을 살 필요는 없다고 판단, 부모님이 결혼자금으로 마련해준 돈으로 전세를 계약했다.
할부로 자동차를 사서 주말에는 친구나 부인과 여행을 즐긴다.
생활에 쫓기지 않고 풍요로운 삶을 만끽하는 모습의 A씨를 부러워하는 사람들도 있다.

S씨_ 취직과 함께 청약관련 예금에 가입했다.
결혼을 앞두고 부모님이 마련해준 결혼자금을 보태 목동에 분양하는 아파트를 청약했다.
분양 받은 아파트에 입주할 때까지 신혼살림은 서울 외곽 수도권의 작은 아파트에서 월세로 살기로 했다.
남은 돈으로는 아파트 계약금을 치르고, 중도금은 은행 대출로 해결했으며, 그간 모은 월급으로 간신히 잔금을 치렀다.
한 치의 여유도 없이 생활하는 S씨를 안쓰럽게 바라보는 사람들도 있어 가끔씩 후회를 하기도 하지만 이미 분양을 받았으니 할 수 없다고 생각하고 있다.

이 두 사람의 결말은 따로 언급하지 않아도 짐작이 될 것이다. 이같은 예는 주위에 흔히 있지만, 글로 써놓고 보면 막연히 생각만 하던 때와는 다른 느낌을 받게 된다.

물론 J씨가 사람들과 어울려 놀러다니는 대신 자기계발에 힘을 쏟았다면 그 또한 올바른 결정일 것이다. 그러나 어떤 방식으로든 앞날을 위한 준비 없이 단순히 현재를 즐길 생각만 해서는 안된다.

강남에서 시작된 부동산 광풍이 전국적으로 퍼져 1주일 사이에 집값이 4,000~5,000만원씩 폭등했고, 한동안 정부 정책의 핵심은 오르는 부동산을 잡는 데 있는 것처럼 보였다. 불과 1~2개월 사이에 집을 가진 사람과 집을 가지지 못한 사람 사이에 수십 년의 빈부 격차가 발생한 셈이다.

막 사회에 첫발을 내딛은 젊은이들은 아직 이런 이야기들이 멀게만 느껴지겠지만, 몇 년 지나지 않아 자기 앞에 놓인 현실이 될 것이라는 점을 깨달아야 한다.

마스터 플랜을 짜라

지금부터 재테크를 통한 인생의 마스터 플랜을 짜야 한다.
차근차근 준비하고 계획한 사람만이
안정된 노후 생활의 기반을 마련할 수 있다.

아직도 평생 직장의 개념으로 직장을 다니는 사람은 없을 것이다. 왜냐하면 IMF 이후, 대기업에 다녔던 회사원들이 감원 폭풍에 휘말려 추풍낙엽처럼 퇴직을 당했다. 당시에 모 은행의 직원이 퇴직을 하면서 만들었다는 비디오는 눈물 없이 볼 수 없을 지경이라 수많은 직장인의 심금을 울렸다.

현재 직장인의 초상은 어떤가. 승진이 문제가 아니라 오래 근무할 수 있는지 여부가 중요하다. 그러다 보니 공무원, 교사, 군인 등 퇴직에 대한 부담이 적은 직업군이 인기를 끌게 되었고, 직장에서도 빨리 진급하는 것보다는 계속 근무하는 것을 중요하게 생각하는 현상이 두드러졌다. 평균수명은 길어지는데 직장인의 수명은 갈수록 짧아지는 상황에서, 노후에 대한 부담은 커져만 가고 있다.

그러나 갓 대학을 졸업하고 회사에 입사한 새내기 직장인들이 벌써 노후를 준비해야 하나? 그렇지 않다. 지금은 종자돈을 만들고, 이 종자돈을 가지고 돈을 굴려 눈덩이처럼 키우는 것이 중요하다.

종자돈도 마련하지 못한 상태로 노후준비에 들어가 자금 일부가 장기 투자 패턴으로 쪼개져 나가면 결과적으로 응집력이 약화되어 목돈 마련의 기회는 더 멀어지게 된다.

지금부터 재테크를 통한 인생의 마스터 플랜을 짜야 한다. 차근차근 준비하고 계획한 사람만이 안정된 노후 생활의 기반을 마련할 수 있다.

명심해야 할 것은, 적어도 40세 이전에는 신입사원 때부터 준비한 종자돈을 3~4바퀴는 돌리고 있어야 한다는 점이다. 40세 정도 됐을 때는 어느 정도 목돈을 마련하고 있어야 하며, 노후 준비는 이때부터 하면 된다.

즉 40대에 반드시 저축을 하든 연금을 들든 부동산 임대수익을 노리든 해서 노후를 대비해야 한다. 젊었을 때 하는 재테크에서 노후를 염두에 둘 필요는 없지만, 풍요로운 노후의 기틀은 바로 지금 어떻게 하느냐에 따라 달려 있다는 것을 명심하자.

02 내게 맞는 **재테크**를 찾아라

투자의 핵심 요소는 기업의 본질 가치를 측정하고,
적정한 가격 또는 가능하다면
이보다 더 싼 가격으로 사는 것이다.

−워렌 버핏−

우리 나라의 재테크
vs 세계의 재테크

종자돈을 모은 후 불리기 위해 돈을 굴릴 때는
주식과 부동산의 양쪽을 적절하게 옮겨 다니며
투자를 하거나 양쪽에 분산투자하는 것이 현명한 방법이다.

우리 나라 사람들에게 가장 인기 있는 재산 증식 수단이 무엇일지 생각해 본 적이 있는가?

대부분의 사람들은 바로 은행의 예금, 적금을 선호하고 있다. 무려 38.5%가 이를 재산 증식의 수단으로 사용한다는 것이다. 부동산은 29.3%로 그 뒤를 이었으며, 간접투자상품은 13.4%를 차지했다.

예금과 적금은 연령대가 높고 학력이 낮은 계층에서 선호하는 것으로 나타났다. 50대 이상의 예·적금 선호도는 49%에 달했고, 중졸 이하에서는 2명

중 1명이 예·적금에 가장 많이 의존하고 있다. 직업별로는 부동산 정보에서 비교적 소외된 계층인 농림어업, 블루칼라 직업 종사자들의 선호도가 높았으며, 지역적으로는 부동산 가격의 변동이 없는 영·호남 지역에서의 선호도가 높았다.

반면 30~40대는 예·적금보다는 부동산을 선호했다. 40대 중 약 41%가 부동산을 가장 좋은 재산증식수단으로 꼽았고, 예·적금은 약 32%로, 부동산과 9%의 차이를 보였다. 직업별로는 직장인에 비해 비교적 시간이 많은 자영업 종사자들이 부동산을 선호했다.

저축의 목적으로는 노후자금, 자녀교육, 결혼자금, 주택자금이 비슷한 수치로 나타났는데, 그 중에서도 노후자금이 1위를 차지했으며, 국민연금 외의 노후대비수단을 갖고 있다고 응답한 사람이 75%를 차지했다. 노후대비수단으로는 은행 예금과 보장성 보험이 가장 큰 비중을 차지했으며, 주식 투자와 부동산이 그 뒤를 이었다. 그렇다면 세계의 재테크는 어떨까?

한국에서 재테크 열풍이 몰아치듯이, 아시아의 젊은 세대들도 재테크에 많은 관심을 가지고 있다.

금융 시장이 발달된 홍콩과 싱가포르에서는 빠듯한 생활에도 불구하고 펀드와 주식에 투자하는 젊은이들이 많다. 중국 개방경제의 상징인 선전(深)에서도 증시에 투자하는 사람들이 늘어나고 있다.

아시아 각국의 부동산 가격도 지속적으로 오르면서 주택 구입도 중장기 재테크 수단으로 자리를 잡고 있다. 부동산 가격이 계속 오르자 홍콩에서는 젊은 남녀가 2~3년간 함께 돈을 모아 결혼하면서 집을 사고 나머지는 대출을 받아 갚아 나가는 사례가 많아졌다고 한다.

결국 다른 나라 사람들의 투자패턴도 주식과 부동산으로 크게 양분되는 것을 알 수 있다. 주식도 직접투자보다는 간접투자상품에 대한 선호도가 높고, 또한 집값이 오르는 추세를 보이는 나라라면 어떤 투자자라도 부동산에 빼놓지 않고 투자하는 경향을 볼 수 있다.

따라서 종자돈을 모은 후 불리기 위해 돈을 굴릴 때는 주식과 부동산의 양쪽을 적절하게 옮겨 다니며 투자를 하거나 양쪽에 분산투자하는 것이 현명한 방법이다.

또한 생소한 금융상품이라도 두려워하지 말고 남보다 앞서서 투자하여 수익을 극대화할 수 있도록 해야 한다.

미국의 금융투자형태를 보면 부유층일수록 공격적인 투자를 선호하는 것으로 나타난다. 다음은 미국 부유층에 대한 소비와 금융형태를 조사하는 피닉스 마케팅사가 미국의 초부유층과 대중부유층의 금융투자형태에 대한 변화를 조사하여 발표한 내용이다.

대중부유층은 설문조사자의 36%가 향후 3개월 내에 투자자산을 늘리겠다고 했다. 이는 미국의 경기악화에 대해 투자자들이 비관적으로 보고 있어 예전 조사에 비해 많이 줄어든 수치이다. 그러나 초부유층에서는 도리어 투자를 늘리겠다는 반응이 증가했다.

결국 초부유층은 경기가 부정적임에도 불구하고 공격적인 투자성향을 보이지만, 대중부유층은 안정적인 투자성향을 갖고 있다고 판단할 수 있다. 달리 보면 초부유층은 투자자산이 감소해도 생활에 지장이 없으나, 대중부유층은 자산이 감소하면 당장 생활에 지장을 받게 되어 이런 반응이 나타난다고 할 수 있다.

미국은 전통적으로 예금보다는 퇴직관련상품, 대체투자상품, 부동산투자상품, 뮤츄얼펀드 등에 관심이 많은 나라이다. 그렇다면 우리들은 어떤 성향을 가져야 할까?

결과적으로 우리 나라도 이와 같은 성향으로 변화할 것으로 예측된다. 지금 경제력을 갖고 있는 세대는 안정적인 성향을 가진 사람들이나, 신세대들은 성장하면서 다양한 금융상품을 접하게 된다. 그러면 어느 시점에서는 자금의 흐름이 간접투자상품으로 몰리는 상황이 나타나게 될 것이다.

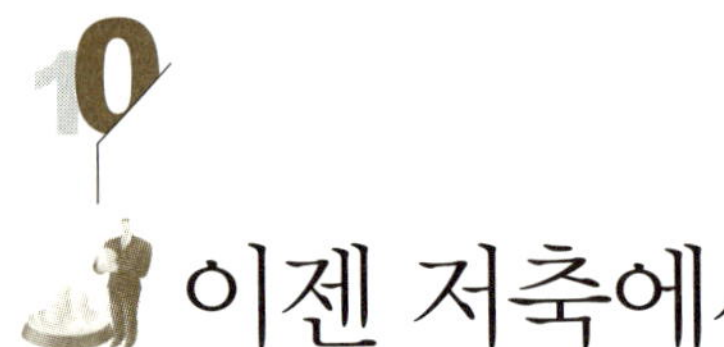 이젠 저축에서 펀드로

모든 일에는 계기가 있어야 한다.
특히 이제까지 해보지 않은 일을 해야 할 때는
더 큰 계기가 마련되어야만 움직이는 것이 대부분 사람들의 성향이다.

앞에서 살펴보았듯이 우리 나라 사람들은 은행 예금, 적금을 선호한다. 왜냐하면 안정적이기 때문일 것이다. 한 푼 두 푼 절약해가며 어렵게 모은 돈이 새어나가는 것을 누구나 원하지는 않을 것이다. 그러나 안정만을 추구하다 보면 많은 돈을 벌 수 있는 기회는 그만큼 줄어들고 만다.

모든 일에는 계기가 있어야 한다. 특히 이제까지 해보지 않은 일을 해야 할 때는 더 큰 계기가 마련되어야만 움직이는 것이 대부분 사람들의 성향이다.

친구 중에 아주 꼼꼼한 사람이 있다. 제조업을 수십 년 동안 하던 사람이라

자기 분야에는 뛰어난 지식을 갖고 있다. 그러나 그 외에는 관심이 없다. 금융 계통에서 잔뼈가 굵은 나와 같은 투자조언자를 친구로 두었음에도 불구하고, 부동산이나 주식과는 거의 담을 쌓고 살던 친구다.

그러던 그가 어느 날 펀드에 가입했다. 놀라운 일이다. 아마 내가 가입하라고 했으면 "원금손실 나면 어떻게 하려고 그런 데 가입을 하냐?"라고 단번에 거절했을 것이다. 속사정을 알고 보니 주변의 누군가가 부탁을 하다시피 하여 면전에서 거절할 수가 없었다고 한다.

이 친구는 펀드에 5,000만원, 정기예금에 5,000만원을 넣고 6개월 후에 해지를 했다고 한다. 해지를 하고 보니 정기예금의 이자가 100만원 정도 나왔는데, 펀드에서는 500만원이 나왔다. 결과에서 확연히 차이가 나니 친구는 정기예금으로 든 것도 전부 펀드에 넣었으면 1,000만원이 나왔을 것이라고 하며 뒤늦은 후회를 했다.

그러나 그는 후회하는 데서 그치지 않고 지금은 해외펀드에 가입한 상태다. 정기예금은 이자가 낮다며 아예 쳐다보지도 않고, 불과 6~7개월 만에 펀드상품 전문가가 됐다.

물론 해외펀드가 한창 치솟았을 때 가입하여 지금은 수익이 전혀 없는 것도 있다. 그러나 펀드에 투자하면서 재테크의 새로운 국면을 맞이했다는 것만으로도 큰 성과인 셈이다.

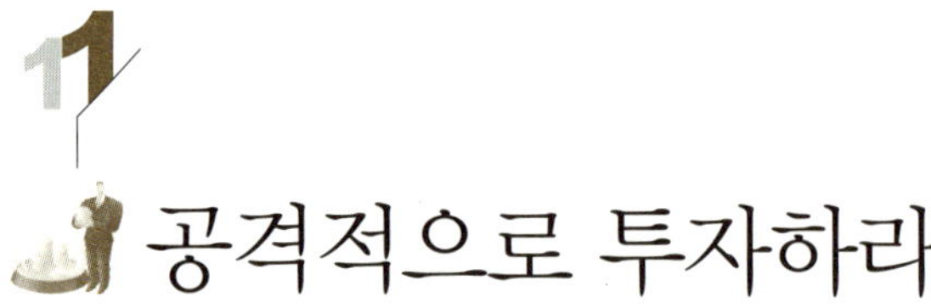

공격적으로 투자하라

투자 수익을 생각한다면 아파트를 사고,

그 뒤에 여유 자금이 생기면

다른 부동산이나 국내외 펀드에 관심을 갖고 투자해야 한다.

우리 나라 전체 개인 자산 규모에서 봤을 때 간접투자상품이 차지하는 비율은 얼마나 될까? 점차 증가 추세이긴 하지만 아직 5%대이다.

우리 나라는 부동산을 가장 중요한 자산으로 생각하고 있다. 평균적으로 60% 정도는 부동산 자산을 보유하고 있고, 그 다음이 은행권의 예금 자산이며, 이에 비하면 간접투자상품이 차지하는 비율은 실로 미미한 지경이다.

우리 나라에서 간접투자상품이 힘을 못 쓰는 이유는 여러 가지가 있다.

우선 아직도 간접투자상품에 대해 잘 알지 못하는 사람들이 많다. 그러다 보니 무조건 위험한 것이라는 생각에 접근을 하지 않는다. 앞에서 말한 내 친구만 해도 처음에는 '원금손실' 이 난다고 생각하여 기피했으니, 이해가 간다.

여기에 더해, 우리 나라에서의 간접투자상품은 부동산 투자를 위한 초석을 마련한다는 성격이 강하다. 즉 적금으로 마련한 돈을 펀드로 불리고, 펀드로 어느 정도 목돈을 만든 다음에는 부동산 투자에 나선다는 것이다.

그러나 앞에서도 살펴봤듯이, 미국 국민의 경우 평균적으로 부동산 자산은 27% 정도이고 나머지는 주식, 저축성 예금, 펀드, 채권 등에 투자하고 있다. 미국도 저금리가 지속되어 아직 투자자들이 부동산 시장에 미련을 두고 있으나, 일본처럼 고령화 사회가 오면 그마저도 더 떨어질 것이라는 전망이 나오고 있다.

그러면 우리 나라에서는 어떻게 행동을 해야 할까?

우리 나라에서의 주택 가격은 단기 5년, 장기 10년 주기설이 있다. 이런 현상이 나타나는 것에 대해 나는 다음과 같이 분석한다.

※ 주택 가격의 순환원리

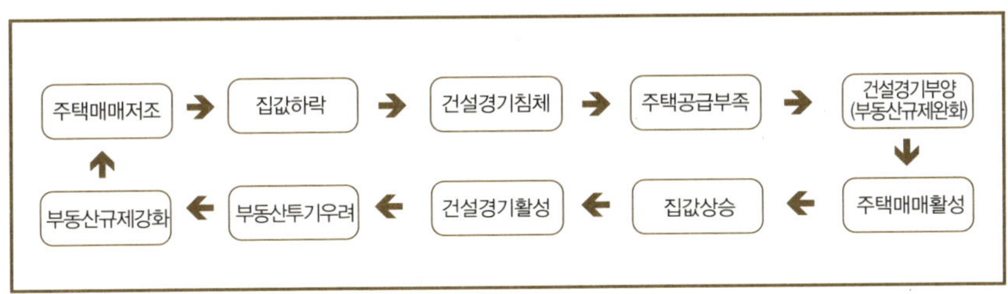

집값이 떨어지면 부동산을 투자처로 생각하는 사람들은 주택 구입을 꺼리

게 된다. 집이 잘 팔리지 않으면 건설회사에서 신규 주택 건설을 추진하지 못하므로 결국 집의 공급이 줄어들게 된다.

건설경기는 경제에 미치는 영향이 대단히 크기 때문에, 부동산 시장의 침체가 몇 년간 계속되면 정부는 경기 활성을 위해 부동산 부양정책을 세우게 된다. 그러면 각종 규제가 완화되고, 주택 구입을 미뤄왔던 사람들이 집을 사기 시작한다.

그러나 공급이 줄어든 상태기 때문에 수요를 감당할 수 없어 주택난이 시작된다. 이 때 많은 사람들이 집값 상승에 불안을 느껴 너도 나도 집을 사려고 하면서 집값 급등, 즉 부동산 광풍이 시작되는 것이다.

이렇게 분양이 잘 되면 건설회사는 다시 주택 공급을 늘리게 되고, 어느덧 부동산 투기를 우려하는 목소리가 흘러나오게 된다. 그러면 정부는 부동산 규

※ 주택 가격 변동 추이

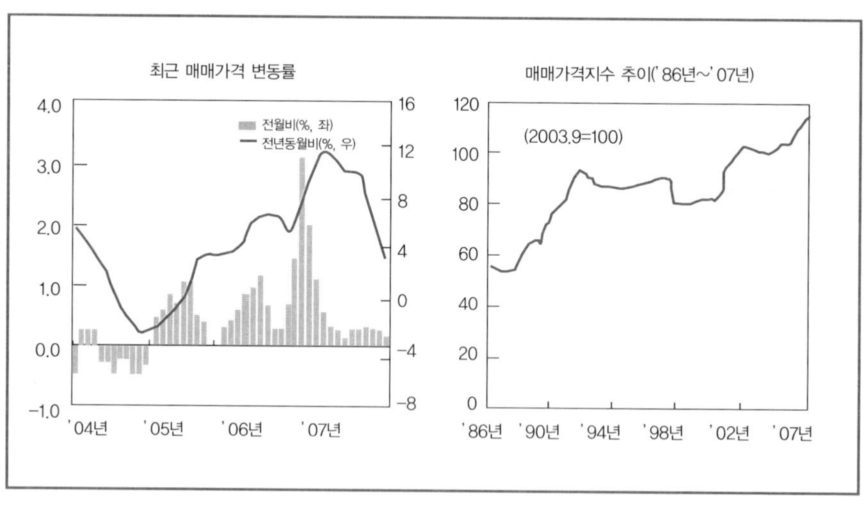

제정책을 내놓아 부동산 시장의 안정을 도모한다.

물론 집값이란 여러 요인이 복합적으로 작용하여 움직이는 것이지만, 크게 보면 이 같은 순환이 생기기 때문에 5년, 10년 주기설이 생겨난 것으로 보인다.

그렇기 때문에 부동산 시장은 전망이 불투명하고, 우리 나라도 부동산보다는 금융자산 위주로 개인의 자산을 운용하는 것이 현명할 것으로 판단된다.

반론이 있겠지만, 투자를 할 때는 여러 사람의 이야기를 듣고 결정하는 것이 좋다. 내 돈 내가 투자하는 것이니 내 맘대로 하겠다는 자세는 버려야 한다. 어느 누구도 부동산에 대해서 정확히 이야기할 수는 없지만, 많은 사람들이 10년 이내에 부동산 투자 비율을 줄이는 것이 안전하다는 전망을 내놓고 있다.

그러나 금융자산에 대한 투자도 우선 내 집이 있고 난 후의 일이다. 우리나라의 경우 주택의 소유 여부는 투자 가치를 따지기에 앞서 개인의 만족도와도 깊은 관련을 맺고 있다. "평생 남의 집 살이를 못 벗어난다"는 말은 내 집의 투자 가치를 따지는 말이 아니라, 집을 소유한다는 것 자체에 대한 열망이 묻어 있는 말이다. 또한 내 집을 가지고 있다는 것은 집값이 급격히 상승하는 시기에 최소한의 완충 역할을 하므로 심리적으로 안정감을 준다.

그러면 집을 한 채 사려면 돈이 얼마나 필요할까.

아파트는 전세 제도를 활용하면 집값의 40~50% 정도로 살 수 있다.

예를 들어 시가 2억원 상당의 아파트가 있다고 하자. 그 아파트에 현재 1억 2,000만원에 전세를 살고 있는 사람이 있다면, 아파트를 살 때 8,000만원만 들어간다. 여기에 이 아파트가 2,000만원의 은행 융자금을 끼고 있다면 내 돈은 6,000만원만 있으면 된다.

그러면 6,000만원을 가지고 한 사람은 다음과 같이 아파트에 투자했고, 한 사람은 주식에 투자했을 때 어떤 일이 벌어질까.

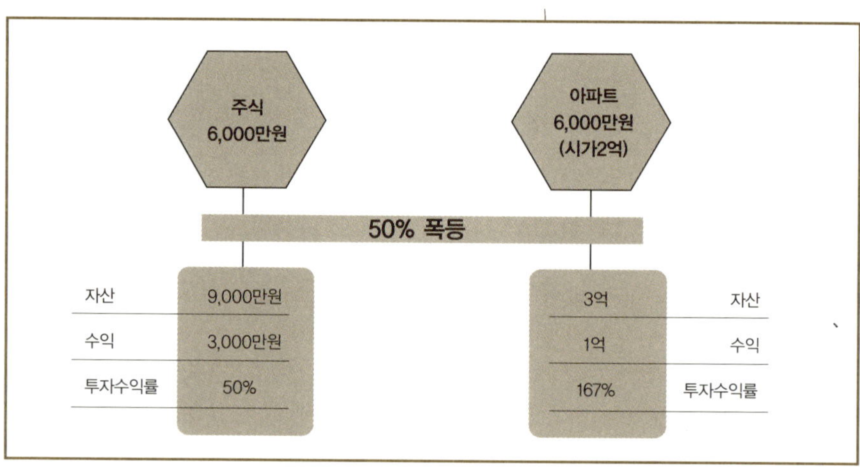

주식과 부동산이 똑같이 50% 폭등했다고 가정하면, 주식에 투자한 사람의 자산은 9,000만원이 되지만, 아파트에 투자한 사람의 자산은 3억이 된다. 즉 똑같은 50%의 폭등이지만 수익률 면에서 엄청난 차이가 벌어지는 것으로, 주식에 투자한 사람은 3,000만원을 벌고, 아파트에 투자한 사람은 1억을 벌게 된다는 것이다.

이런 이유로 단순히 최근 몇 년 사이 주식이 몇 퍼센트 올랐으므로 부동산보다 투자수익이 높았다고 하는 것은 잘못된 분석이다.

마찬가지로, 자기 집에 편히 살면서 집값이 올랐다고 좋아하는 사람들도 수익률 계산에서 중요한 부분을 놓치고 있다고 생각한다. 그 동안 내 집에서 임대료 안 내고 주인 눈치 볼 것 없이 편하게 산 것도 중요한 수익에 포함시켜야 하지 않을까?

따라서 현재 우리 나라의 상황에서는 주거 안정을 위해서라도 자금이 있으면 집을 먼저 마련해야 한다. 투자 수익을 생각한다면 아파트를 사고, 그 뒤에 여유 자금이 생기면 다른 부동산이나 국내외 펀드에 관심을 갖고 투자해야 한다.

12 펀드를 시작하라

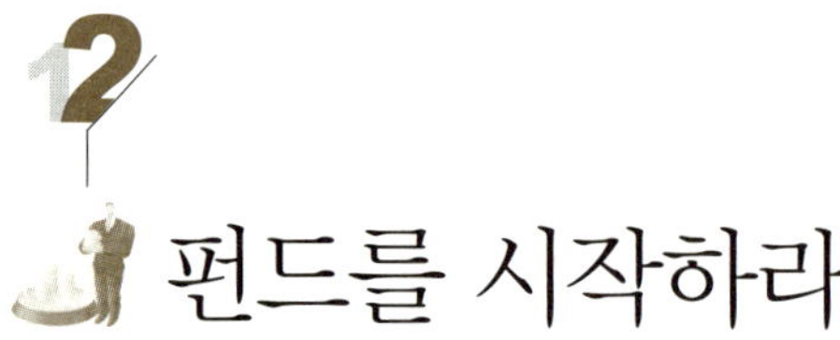

우리 나라도 아직까지는 부동산이나 예금자산이 많지만
결국 세계적 추세에 맞춰 주식형 펀드자산으로의
투자패턴 변화가 자연스럽게 이루어질 것이다.

이제는 가히 펀드 시대라 해도 과언이 아니다. 1~2년 전만 해도 위험하다고 예금을 선호했던 사람들이 이제는 펀드에 대해 별로 저항감이 없다. 왜냐하면 2007년도 종합주가지수가 2,000포인트를 달성하면서 주위에서 펀드에 먼저 가입한 사람들의 수익율이 50%니 100%니 하는 소리를 듣고 너도나도 펀드에 가입하고 재미를 보았으니.

10년 전쯤 종합주가지수가 1,000포인트를 정점으로 내리막길을 걸을 때 투자신탁회사나 증권회사에 다니던 직원들이 원금을 보상하라는 고객들의 요구에 시달리는 것을 많이 보았고 일부는 소송도 당하였으니 이와 같은 사단은 결국 투자자들이 목전의 이익만 생각하고 손실에 대한 경고는 소홀히 하다가 막상 손실이 발생하니 죽일 놈 살릴 놈 하면서 원금을 물어내라는 억지성 요구를 하였고 주가가 폭락하면 으레 나오는 화면은 증권사 시세판에 의자를 던지며 악을 쓰는 투자자들 모습이었다. 그러나 이제는 이런 모습을 볼 수가 없으니 그만큼 성숙했다고나 할까?

재테크 수단으로는 크게 구분한다면 부동산, 예금, 주식이 있다. 앞에서도 언급했듯이 세계적인 추세는 부동산자산보다 금융자산, 그 중에서도 투자자산인 주식형 펀드가 주류를 이루고 있다. 우리 나라도 아직까지는 부동산이나 예금자산이 많지만 결국 세계적 추세에 맞춰 주식형 펀드자산으로의 투자패턴 변화가 자연스럽게 이루어질 것이다. 2007년도 종합주가지수의 상승에는 이러한 주식형 펀드로의 유입이 큰 역할을 한 것으로 분석되고 있다.

또한 앞으로의 경제 예상이 상승할 것으로 분석된다면 종합주가지수도 상승할 것이고 기업의 평균적인 주가수준도 상향될 것인데 이 경우 주식형 펀드의 수익률은 같은 기간 중 예금이나 부동산에 투자한 수익률을 상회하게 될 때 그 혜택을 보아야 할 것 아닌가? 물론 2007년과 같은 큰 폭의 수익률을 기대할 수는 없지만 최소한 은행 정기예금 이자보다 상회하면 일단 성공한 것이라는 소박한 마음을 가지고 시작한다면 그 기대를 저버리지는 않을 것이다.

다른 사람들이 관심을 갖기 시작하는 부분에 나도 관심을 갖자는 말이다. 그러나 원금이 깨지는 꼴을 도저히 볼 수 없다는 사람은 주식형 펀드는 안 맞을 수 있다. 주식형 펀드는 원금이 보장되는 상품이 아닐뿐더러 투자 손실도 내 자신의 책임이기 때문이다. 그러한 위험 요소는 있지만 국가 경제 성장을 낙관하고 개인투자자들의 자금이 계속적으로 투자자산으로 집중될 것이 뻔한 상황에서 주식형 펀드를 투자의 한 패턴으로 빨리 인식하고 관심을 가져야 한다는 것이다. 요즘처럼 은행 정기예금이 6%대인 시대에는 실질 수익률이 세금을 공제하면 4%대에 머문다. 월급을 타서 큰돈을 예금할 수 없는 월급쟁이는 목돈을 만들기가 여간 힘든 것이 아니다. 빨리 종자돈을 만들어야 할 텐데 말이다.

그리고 정기예금이자는 별 변동이 없다. 원금이 보장되어 좋기는 하나 변동성이 적으니 주식형 펀드로 투자해서 2007년도와 같이 연간 100%정도의 수익을 올린다면 은행예금이자로 한 20년 걸려야 이룰 수 있는 금액을 마련할 수 있다.

펀드의 원리 제대로 알기

자금을 위탁 받은 투자회사는 펀드매니저에게 맡겨
자금운용을 하게 하니 일반인의 전투력보다는 훨씬 막강하다.

필자는 주식 투자에 부정적인 견해를 갖고 있지만 그것은 어디까지나 일반인들이 직접 투자하는 것을 지양하자는 것이다. 주식에 직접 투자하면 주식 투자가 본업이 아닌 일반투자자들은 본 업무에 충실하지 못하게 되고 혹이나 투자자금을 잃었을 경우 마음을 잡지 못해 부작용이 이만 저만이 아니다.

주식 같은 투자자산을 늘리라면서 어쩌라는 것이냐? 간접투자를 하라는 것이다. 경우에 따라서는 자금을 내 손으로 움직이는 것보다 전문가인 남의 손을 빌리는 경우가 더 나을 수 있다. 특히 주식시장은 정보수집과 판단, 빈틈없는 기업분석, 경제동향의 예측 등 진짜 엄청난 능력을 요구하는데 일반인들은 사실상 이러한 능력이 빈약할 수밖에 없으니 결국 깊은 생각없이 저지르는 경우가 많다.

이러한 행위의 결과물은 무엇이냐. 투자원금이 처참히 날라가는 쓰라린 경험을 하게 되고 다시는 주식투자를 하지 않겠다고 다짐에 다짐을 해 보건만 주식시장이 좋으면 또 슬금슬금 접근을 하는 것이 일반투자가들이다.

앞에도 언급하였지만 일반인들의 상대방은 막강한 정보와 자금력으로 무장한 외국인들과 기관투자자들이니 우리들도 투자금을 기관투자자들에게 맡겨 우리들 대신 주식시장에서 싸워 달라고 부탁하는 것이다. 자금을 위탁 받은 투자회사는 펀드매니저에게 맡겨 자금운용을 하게 하니 일반인의 전투력보다는 훨씬 막강하다. 이것이 바로 펀드의 원리인 것이다.

펀드는 불특정 다수 투자자의 자금을 모아 그 돈으로 펀드매니저가 선택한 기업의 주식을 자신의 판단으로 매매를 하여 수익을 창출하는 것인데 그럼 그 펀드매니저는 공짜로 봉사를 하겠는가? 물론 수수료를 일정률 받는다. 이 수수료는 수익이 나던 손실이 나던 받는데 펀드가입과 동시에 수수료를 공제하는 것을 선취수수료가 하고 나중에 펀드를 환매(해지)할 때 받는 것을 후취수수료라 한다. 펀드 상품마다 각기 다르므로 가입할 때 면밀히 검토하여야 할 사항 중에 하나다.

펀드매니저는 일정기간 투자를 한 후 그 성과물을 투자자들에게 재분배함으로써 종결을 지는데 중간에 돈이 필요한 투자자는 중도환매를 통해 자금을 쓸 수가 있다. 약정된 기간 이전에 찾을 때에는 환매수수료라는 불이익이 있다. 환매수수료는 보통 펀드 가입 후 90일이내에 찾을 경우 일반적으로 이익금의 70% 정도를 받아 가니 가급적 기간별로 여유자금을 고려하여 가입하도록 한다.

특히 펀드는 인출을 신청한 날 바로 지급되지 않고 신청일로부터 3~4일 후에 지급이 되고 해외펀드일 경우에는 일주일 정도 걸리기 때문에 급히 돈이 필요한 경우를 대비하여 여유돈을 남겨 두는 것이 좋은 방법이다. 이 방법도 안 될 경우에는 펀드를 담보로 대출이 가능할 수도 있으니 가입 기관에 문의하는 것이 좋다.

펀드 상품에 가입할 때에는 기본적으로 가입할 당시 보다 가입 후 주식시장이 성장을 할 것이라는 예측이 있은 후에 가입을 하여야 한다. 종합주가지수가 떨어지는 상황에서는 아무리 뛰어난 펀드매니저라도 수익을 낼 수 없기 때문이다.

펀드는 투자를 위해 자금을 모아 놓은 돈을 말하는데 투자 대상에 따라 수없이 많은 펀드가 있다. 부동산에 투자하는 부동산 펀드, 금에 투자하는 금 펀드, 석유·석탄 등 원자재에 투자하는 원자재 펀드, 채권에 투자하는 채권형 펀드, 주식에 투자하는 주식형 펀드가 있는데 보통의 경우 주식형 펀드가 가장 일반적인 펀드의 형태라 할 수 있다.

또한 어느 나라에 투자하는가에 따라 국내 펀드와 해외 펀드가 있고 정기예금처럼 한번에 목돈으로 가입하는 거치식 펀드가 있고 적금처럼 매월 일정액을 반복적으로 투자하는 적립식 펀드가 있다.

또다른 펀드로는 영화 펀드가 있다. 영화 펀드는 기획사가 시나리오를 정하고 자금을 불특정다수에게 투자자 형태로 모아 그 돈으로 영화 촬영을 하여 그 수익금을 투자자들에게 분배하는 것이다. 최근 이러한 형태의 펀드가 봇물을 이루고 있는데 영화가 대박날 경우 투자자로서 그 수익률이 엄청날 것으로 보이나 실상은 그렇지 못하고 원금이 손실난 영화 펀드도 많으므로 투자에 주의를 기울여야 한다.

그리고 최근 미래에셋증권에서 출시한 인사이트펀드상품은 말 그대로 묻지마펀드로 그 동안의 틀을 깬 것이다. 이 펀드는 투자국가도 투자상품도 정하지 않고 운영자의 판단으로 자율적으로 하겠다는 것이다. 앞으로도 펀드의 진화는 계속될 것이므로 소문에 치우치지 말고 옥석을 가리는데 신중을 기하여야 한다.

거치식 펀드 VS 적립식 펀드

거치식은 상승기에 유리하고
적립식은 주식 시장이 불안하여 하락할 경우
그 손실률을 낮춰 주는 효과가 있다.

펀드를 가입할 때 목돈을 한번에 맡길 것인가? 적금식으로 매달 일정액을 불입할 것인가에 따라 거치식 펀드와 적립식 펀드로 분류할 수 있는데 만약 일천만원이 있을 경우 일시에 거치식으로 가입하는 것이 좋은가, 아니면 월 일백만원씩 십 개월 분할하여 납입하는 것이 좋은가는 신중히 판단하여야 한다. 왜냐하면 결정을 하기 위해서는 고려하여야 할 변수가 너무 많기 때문이다.

은행권에서 처음 펀드를 판매할 때 집중하였던 상품은 적립식 펀드이다. 이

적립식 펀드를 판매하면서 내세웠던 홍보는 적립식 펀드는 위험을 분산한다는 취지였다. 매월 적금을 넣듯이 투자하므로 주가가 떨어졌을 때나 오를 때에도 일정금액을 투자하니 평균적 매입가격이 낮아질 수 있다는 것이다.

그러나 이것이 일치하는 것만이 아니다. 종합주가지수가 떨어지거나 오르거나 아니면 혼조세가 될 경우가 각각 다르다. 예를 들어보자.

종합주가지수가 쉼 없이 매월 50포인트씩 오르기만 한 경우

만약 주가지수 1,000포인트에서 일천만원을 일시에 거치식으로 가입하였는데 10개월 후 계속 종합지수가 올라 1,450포인트가 되었을 경우 종합주가지수의 수익률을 따라가는 펀드였다면 약 40%의 수익율이 발생하여 4백5십만원의 수익금을 얻게 된다. 거치식은 중간에 종합주가지수의 등락이 있더라도 펀드 환매 시 최종 종합지수만 가입당시 보다 상회한다면 결과는 같다.

[(1,450−1,000)/1,000]x10,000,000원 = 4,500,000원

이 일천만원을 매달 일백만원씩 적금처럼 납입하였을 경우 수익률은 어떻게 될까?

마찬가지로 펀드 가입 후 한번도 떨어지지 않고 10개월 동안 종합주가지수가 1,000포인트에서 1,450포인트까지 상승하였다면?

1월에 1,000포인트시 납입한 1,000,000원은
[(1,450−1,000)/1,000]x1,000,000원 = 450,000원

2월에 1,050포인트시 납입한 1,000,000원은

[(1,450-1,050)/1,050]x1,000,000원 = 380,952원

3월에 1,100포인트시 납입한 1,000,000원은

[(1,450-1100)/1,100]x1,000,000원 = 318,181원

4월에 1,150포인트시 납입한 1,000,000원은

[(1,450-1,150)/1,150]x1,000,000원 = 260,869원

5월에 1,200포인트시 납입한 1,000,000원은

[(1,450-1,200)/1,200]x1,000,000원 = 208,333원

6월에 1,250포인트시 납입한 1,000,000원은

[(1,450-1,250)/1,250]x1,000,000원 = 160,000원

7월에 1,300포인트시 납입한 1,000,000원은

[(1,450-1,300)/1,300]x1,000,000원 = 115,384원

8월에 1,350포인트시 납입한 1,000,000원은

[(1,450-1,350)/1,350]x1,000,000원 = 74,074원

9월에 1,400포인트시 납입한 1,000,000원은

[(1,450-1,400)/1,400]x1,000,000원 = 35,714원

10월에 1,450포인트시 납입한 1,000,000원은 변동이 없다.

총 수익금은 2,003,497원으로 일시에 1천만원을 거치식으로 납입시 4백5십만원보다 절반 이하의 수익만 발생했다.

종합주가지수가 매월 50포인트씩 내리기만 한 경우

종합주가지수가 가입 당시 1,000포인트였는데 10개월 후 550포인트가 되

었을 경우 거치식으로 일천만원을 가입한 사람은 펀드 해지 시 4백5십만원의 손실을 입게 된다.

[(1,000−550)/1,000]x10,000,000원=4,500,000원

같은 경우에 일천만원을 매달 일백만원씩 적금처럼 납입하였을 경우 수익률은 어떻게 될까?

마찬가지로 펀드 가입 후 한번도 떨어지지 않고 10개월 동안 종합주가지수가 1,000포인트에서 550포인트까지 하락하였을 경우는?

종합주가지수가 계속 오를 때와 반대의 경우이므로 적립식 펀드의 경우 손실이 거치식의 절반인 2백2십5만원이 되므로 위험을 줄일 수 있었다.

종합주가지수가 혼조세를 나타내었을 경우

종합주가지수가 1월 1,000포인트
2월 1,050포인트
3월 1,100포인트
4월 1,000포인트
5월   950포인트
6월   900포인트
7월   900포인트
8월 1,000포인트
9월 1,050포인트
10월 1,000포인트
11월 환매시 1,000포인트

이 경우 거치식 펀드라면 가입 당시 종합주가지수와 환매시 종합주가지수가 같기 때문에 수익도 손실도 나지 않은 상태이나 각종 수수료와 그 돈을 다른 곳에 투자했으면 얻었을 기회비용 정도가 손실이다.

1월 적립분은 변동이 없고
2월 가입분은 47,619원 손실
3월 가입분은 90,909원 손실
4월 가입분은 변동이 없고
5월 가입분은 52,631원 수익
6월 가입분은 111,111원 수익
7월 가입분은 111,111원 수익
8월 가입분은 변동이 없고
9월 가입분은 47,619원 손실
10월 가입분은 변동이 없고
총 결산금액은 약 9만원이 이익이 발생함으로써 거치식으로 한 경우보다 수익이 많다.

만약 매월 1백만원씩 적립식으로 가입했을 경우는 어떤가?

결론적으로 말하자면 거치식은 상승기에 유리하고 적립식은 주식 시장이 불안하여 하락할 경우 그 손실률을 낮춰 주는 효과가 있고 또한 가입 시와 펀드 환매 시에 종합주가지수가 같을 경우 거치식은 이익도 손실도 나지 않으나 적립식의 경우 매월 종합주가지수가 어떠하였냐에 따라 이익도 손실도 날 수 있는 것이다.

〉〉 코스트 에버리징 효과

적립식 펀드가 인기 있는 이유는 코스트 에버리징(cost averging : 비용평준화) 효과 때문이다.

코스트 에버리징 효과는 주가보다는 늘어나는 주식수에 관심을 둔 투자 방법이다.

적립식 펀드의 경우 투자금액을 매월 일정금액 적립식으로 투자함으로써 평균매입단가를 낮추는 효과를 거두는 것을 말하는데 주식 시장이 혼조세를 나타내다 후반부에 급상승할 때 큰 수익을 낼 수 있는 투자 효과이나 반드시 긍정적 역할만 하는 것은 아니다.

때로는 역코스트 에버리징 효과가 나타날 수도 있는 것이다. 즉 주가가 기복없이 계속 상승을 하였다던가 아니면 계속 높은 주가지수를 유지하다가 환매 무렵 큰 폭으로 하락시 평균 매입단가가 상향되어 투자자에게 손실을 끼칠 수 있기 때문에 최고의 투자 방식이 아니다. 그러나 목돈이 많지 않은 사람들에게 매월 소액으로 펀드에 투자할 수 있는 한 방편으로 긍정적 효과도 많다.

좋은 펀드를 고르는 방법

펀드에 가입할 때에는
운용사의 수익률, 수수료, 환헷지, 운용사의 이름 등을 고려하여야 한다.

펀드의 판매 종류는 각 금융 기관마다 홍수처럼 밀려 나오고 있다. 이중에서 어떤 펀드가 좋은 것이냐는 사실상 판단하기가 어렵다. 이 때 보통 고려하는 사항이 몇 가지 있다.

첫째, 운용사의 수익률을 보자.

같은 종류의 펀드라도 펀드매니저의 능력이나 펀드에 편입한 주식의 종류에 따라 수익률이 천차만별이다. 또한 운용사마다 수익률이 다르므로 꼼꼼히

분석하여 안정적으로 고른 수익을 내는 운용사를 골라야 한다. 물론 과거의 수익률이 미래의 수익률을 결정짓는 것은 아니지만 과거 운용수익률이 일정한 수치를 유지한다면 그 자체만으로도 어느 정도 신뢰할 수 있기 때문이다. 또한 가급적 우수한 펀드군을 선별하여 분산 투자하는 것도 위험을 피할 수 있는 방법이다.

둘째, 수수료를 보자.

만일 비슷한 펀드가 여러 가지 있다면 수수료가 저렴한 펀드를 선택하는 것이 유리하다. 펀드수수료는 지불해야 할 비용이기 때문에 부담해야 할 수수료가 적으면 적을수록 투자자의 수익률이 올라가는 효과가 있고 비록 전체 중에 큰 부분은 아니지만 여러 번 절약되면 목돈이 될 수도 있기 때문이다.

〉〉 수수료의 구성

■신탁보수

정기적 부담 수수료로 판매회사인 은행이나 증권사가 받는 판매보수, 운용사가 받는 운용보수, 자금을 관리하는 회사에서 받는 신탁보수가 있는데 일반인은 다 합하여 가입 금액의 2~3%정도를 보수로 지급한다고 보면 된다.

■환매수수료

펀드를 가입 후 보통 90일 이내에 환매할 경우 부담하는 일종의 패널티이다. 회사나 펀드에 따라 다르지만 투자수익금의 약 30%~70%가 환매수수료로 차감된다. 즉 수익이 1백만원 발생하였어도 3십만원~7십만원이 차감된 나머지 금액만 받을 수 있게 되고 특히 적립식 펀드인 경우 가입 후 90일이 지나면 환매수수료가 없는 것이 아니고 매월 불입한 적립금이 모두 90일이 초과하여야 한다.

셋째, 해외 펀드의 경우 환헷지 여부를 보자.

환율이 안정적이지 못한 시기에는 가입 당시 환율보다 환매시 환율의 변동에 따라 투자금이 수익여부에도 불구하고 환차손이 나는 경우가 발생한다. 따라서 일정한 수수료를 지급하면 환매시 가입 당시의 환율로 적용하도록 하는 제도적 장치가 있는데 이를 환헷지라고 한다.

이는 보통의 경우 달러표시로 투자하기 때문에 발생하는 문제인데 최근 달러가치가 하락되고 원화가 강세가 되어 환차에 의한 손실이 날 수 있으므로 환헷지가 되어 있는 펀드를 고르는 것이 현명하다.

펀드를 가입할 때 전 금융사를 알아보는 것은 쉽지 않다. 따라서 펀드정보를 얻기 위해서는 한국펀드평가㈜의 인터넷사이트(http//www.fundzone.co.kr)를 참조하자. 이곳에서는 각 운용사별로 펀드의 장단점, 수수료, 운용수익률 등을 비교 분석해 놓고 있다.

넷째, 운용사가 어디냐?

이제는 펀드가입자들도 어느 정도 나름대로의 투자소신이 있는 것 같다. 앞에 언급한 미래에셋증권의 인사이트펀드의 경우 미래에셋증권에 대한 믿음으로 그 가입자가 밀려 들었다. 이것은 그 동안의 투자수익률을 참고할 만한 것도 없고 수수료도 비싸고 투자대상국이나 투자대상도 미래에셋증권 운용사 마음대로인데 이렇게 호응이 좋은 걸 보면 운용사가 어디인가도 좋은 펀드를 고르는 한 요소인 듯하다.

한 가지 수익률을 볼 때 참고하여야 할 것이 있다. 어떤 증권사에서 설정한 펀드가 상위 10위안에 몇 개가 올라 있어 그 증권사의 펀드를 맹신하는 경우가 있는데 이는 반드시 일치하지 않는 것이다. 왜냐하면 종합주가지수가 바닥일 경우 설정한 펀드는 그 후 종합주가지수가 올랐을 때 그 과실을 전부 향유하여 수익률이 엄청나게 올라 마치 펀드 운용을 잘해 수익을 극대화한 것처럼 보이기 때문이다. 그러나 실상은 주가 바닥기에 펀드가 설정되었다는 것이 투자수익을 올렸다고 보는 것이 맞다.

진정한 고수 펀드매니저는 주가하락기에 수익을 낼 수 있는 사람인데 아쉽게도 손실을 약간 줄일 수는 있어도 종합주가지수가 곤두박질치는데 수익을 내는 펀드는 거의 없다고 보는 것이 옳다. 그렇다면 어느 펀드가 좋은 펀드인가를 고민하는 것보다 앞으로 경제 사정이 어떻게 변할 것인가? 경제가 성장할 것인가? 아니면 침체될 것인가? 이에 따라 종합주가지수는 오를 것인가, 내릴 것인가를 장기간을 두고 판단하여 펀드가입시기를 조절하는 것이 가장 현명한 투자 방법일 것이다.

그것은 해외 펀드에도 여실히 드러났다. 최근 광풍처럼 몰아부쳤던 차이나 펀드는 중국 경제의 성장에 힘입어 중국 증시가 급성장하면서 이 펀드를 일찍 판매한 증권사들은 펀드가입자에게 엄청난 수익을 안겨 주었는데 개별 펀드가 중요한 것이 아니라 어느 회사든 차이나 펀드에 가입만 하면 수익률은 보장되고 있었다는 것이다. 물론 중국 증시가 발전할 것이라 판단하고 미리 차이나 펀드라는 것을 설정한 부분은 인정하여야 하겠지만.

〉〉 주식형 펀드 VS 채권형 펀드 VS 혼합형 펀드

주식형과 채권형을 구분하는 기준은 주식과 채권의 편입 비중이다.

주식형 펀드는 주식편입비율이 최소 60%를 상회하는 펀드고 채권형 펀드는 채권이 최소한 60%이상인 펀드이다. 혼합형 펀드도 있는데 주식이나 채권 편입비율이 최고 60%를 넘지 않고 비슷한 비율로 투자하는 펀드를 말한다.

주식형 펀드는 자산배분형, 장외주식형, 하이일드, 뉴하이일드, CBO, 엄브렐러, SPOT, 사모, 해외, ETF등으로 나눠지며 이중에 가장 상품의 종류가 많고 일반적으로 펀드라고 하는 것이 자산분배형 펀드이다. 자산배분형 펀드는 또 그 안에서 성장형 펀드, 가치주 펀드, 배당주 펀드로 그 투자 회사 대상에 따라 나눠진다.

일반적으로 채권에 투자하는 채권형 펀드는 안정적인 측면이 많이 부각되고 주식에 투자하는 주식형 펀드는 고위험 고수익상품으로 대변되는데 혼합형 펀드의 경우 양 기능을 어느 정도 포함하여 절충적 의미를 갖는다.

국내 펀드 VS 해외 펀드

국내 펀드는 국내의 주식, 채권, 부동산 등을
투자 대상으로 하는 펀드이고
해외 펀드는 국외의 주식, 채권, 부동산 등을 투자 대상으로 하는 펀드이다.

국내 펀드와 해외 펀드 구분은 투자대상 국가에 따라 분류한 것이다. 국내 펀드는 국내의 주식, 채권, 부동산 등을 투자 대상으로 하는 펀드이고 해외 펀드는 국외의 주식, 채권, 부동산 등을 투자 대상으로 하는 펀드이다.

해외 펀드는 다시 두 가지로 나눌 수 있는데 해외의 운용사에 의해 국외에서 만들어진 역외펀드와 국내운용사에 의해 국내에서 만들어져 국내 간접투자증권법의 적용을 받는 역내펀드가 있다. 최근 역내펀드에 대해 적용하던 세

※ 국내 펀드 수익률 베스트 40

NO	펀드명	운용사	소유형	순자산액	1년
1	미래에셋디스커버리주식형	미래에셋자산	일반주식	16,114	71.39
2	삼성배당주장기주식종류형 1_C	삼성운용	배당주식	6,933	64.47
3	미래에셋드림타겟주식형	미래에셋자산	일반주식	1,856	63.96
4	미래에셋3억만들기인디펜던스주식K-1	미래에셋자산	일반주식	20,438	63.19
5	미래에셋인디펜던스주식 2	미래에셋자산	일반주식	15,610	58.30
6	한국네비게이터주식 1classA	한국운용	일반주식	5,720	58.10
7	삼성당신을위한코리아대표주식종류형 1A클…	삼성운용	일반주식	2,617	57.61
8	미래에셋디스커버리주식 2(CLASS-A)	미래에셋자산	일반주식	25,573	57.39
9	KB신광개토선취형주식	KB운용	일반주식	712	57.20
10	Tops Value주식C	SH운용	일반주식	875	56.86
11	Tops엄마사랑어린이적립식주식 1	SH운용	일반주식	1,501	56.69
12	삼성당신을위한코리아대표주식종류형 1C클…	삼성운용	일반주식	1,956	56.01
13	미래에셋솔로몬주식 1	미래에셋자산	일반주식	25,168	56.00
14	신영마라톤주식A1	신영운용	일반주식	3,496	55.46
15	한국부자아빠성장주식증권W-1ClassA	한국운용	일반주식	699	55.36
16	미래에셋맵스노블레스미드캡인덱스주식형 1…	미래에셋맵스	기타인덱스	145	55.02
17	흥국마켓리더스주식종류Class C 1	흥국운용	일반주식	444	54.61
18	하나UBS배당60주식 1 종류C	하나UBS	배당주식	7,069	54.10
19	하나UBS블루칩바스켓주식V-1	하나UBS	일반주식	2,981	53.77
20	미래에셋3억만들기솔로몬주식 1(C-A)	미래에셋자산	일반주식	28,194	53.61
21	미래에셋솔로몬성장주식 1	미래에셋자산	일반주식	4,123	53.45
22	신영마라톤주식(W형)	신영운용	일반주식	201	53.34
23	미래에셋인디펜던스주식 3(CLASS-A)	미래에셋자산	일반주식	14,970	53.17
24	미래에셋인디펜던스주식형 1	미래에셋자산	일반주식	18,765	53.10
25	하나UBS아인슈타인주식CLASSA	하나UBS	일반주식	137	52.80
26	KB스타다가치성장주적립식주식 1	KB운용	일반주식	391	52.65
27	하나UBS태극건주식	하나UBS	일반주식	1,267	52.65
28	신영마라톤주식(A형)	신영운용	일반주식	7,993	51.88
29	동부THECLASSIC주식 1ClassC1	동부운용	일반주식	212	51.78
30	세이가치형주식(종류형)A 1	SEI에셋운용	일반주식	3,016	51.76
31	KB스타적립식주식 1	KB운용	일반주식	217	51.54
32	한국밸류10년투자주식 1	한국밸류자산	일반주식	11,164	51.28
33	하나UBS First Class에이스주식ClassC 1	하나UBS	일반주식	3,266	51.12
34	하나UBS가족사랑짱적립식주식K-1CLASSC	하나UBS	일반주식	587	51.03
35	미래에셋인디펜던스주식형K-2Class A	미래에셋자산	일반주식	21,138	50.70
36	KB광개토주식N-1 Class A	KB운용	일반주식	343	50.64
37	산은SRI좋은세상만들기주식 1ClassC1	산은운용	일반주식	292	50.56
38	KTB마켓스타주식_B	KTB운용	일반주식	432	50.51
39	미래에셋디스커버리주식형 3CLASS-A	미래에셋자산	일반주식	28,041	50.41
40	푸르덴셜나폴레옹주식 2-6	푸르덴셜운용	일반주식	150	50.37

※ 해외 펀드 수익률 베스트 40

NO	펀드명	운용사	소유형	순자산액	1년
1	미래에셋차이나솔로몬주식 1종류A	미래에셋자산	중국주식	49,178	77.60
2	미래에셋차이나솔로몬법인주 1ClassA	미래에셋자산	중국주식	488	76.32
3	미래에셋친디아업종대표주식형자 1	미래에셋자산	아시아신흥국주식	11,442	73.36
4	미래에셋친디아업종대표리치플랜주식형자 1	미래에셋자산	아시아신흥국주식	8,168	73.04
5	미래에셋인디아디스커버리주식 1ClassI	미래에셋자산	인도주식	563	70.46
6	미래에셋인디아솔로몬주식 1종류A	미래에셋자산	인도주식	4,970	70.39
7	미래에셋인디아디스커버리주식 1ClassA	미래에셋자산	인도주식	5,738	69.25
8	미래에셋맵스코친디아셀렉트Q주식 1(CLASS-...	미래에셋맵스	아시아신흥국주식	312	67.19
9	미래에셋차이나디스커버리주식 1ClassI	미래에셋자산	중국주식	1,631	67.06
10	한국월드와이드인디아주식종류재간접T-1(A...	한국운용	인도주식	134	66.41
11	미래에셋차이나디스커버리주식 1ClassA	미래에셋자산	중국주식	8,133	65.92
12	미래에셋맵스차이나주식 1	미래에셋맵스	중국주식	249	64.46
13	동부차이나주식 1ClassA	동부운용	중국주식	501	63.40
14	미래에셋차이나어드밴티지주식형 1	미래에셋자산	중국주식	1,243	59.98
15	봉쥬르차이나주식1	신한BNPP운용	중국주식	24,458	55.24
16	봉쥬르차이나주식 2종류A	신한BNPP운용	중국주식	49,588	53.57
17	농협CA코리아차이나올스타주식 1ClassA(자)	NH-CA운용	중국주식	3,713	51.24
18	하나UBS차이나포커스해외주식자	하나UBS	중국주식	1,228	51.09
19	슈로더브릭스주식형자(E-1)	슈로더운용	신흥국주식	227	50.24
20	슈로더브릭스주식형자A-1	슈로더운용	신흥국주식	44,997	50.12
21	슈로더브릭스주식형자(A)	슈로더운용	신흥국주식	14,768	50.08
22	슈로더브릭스주식형자(E)	슈로더운용	신흥국주식	35,054	48.85
23	하나UBS중국주식해외재간접 1 CLASS C	하나UBS	중국주식	328	47.58
24	미래에셋AP법인전용스타주식C-Ⅰ	미래에셋자산	아시아태평양주식(ex J)	470	45.39
25	하나UBS파워엔진Brics해외재간접 1	하나UBS	신흥국주식	1,898	44.63
26	미래에셋AP법인전용스타주식C-A	미래에셋자산	아시아태평양주식(ex J)	139	44.47
27	Gold&Wise BRICs해외재간접K-1	하나UBS	신흥국주식	830	43.73
28	KB차이나포커스주식형재간접Class-A	KB운용	중국주식	992	43.65
29	KB차이나포커스주식형재간접Class-C	KB운용	중국주식	1,281	43.17
30	한국월드와이드차이나주식A재간접V-1	한국운용	중국주식	1,238	42.85
31	베트남아세안플러스주식 1ClassA	NH-CA운용	동남아주식	1,704	42.46
32	우리CS글로벌천연자원주식ClassA 1	우리CS운용	원자재섹터	2,204	41.64
33	베트남아세안플러스주식 1ClassC1	NH-CA운용	동남아주식	1,237	41.64
34	신한브릭스주식재간접 1	신한BNPP운용	신흥국주식	4,147	40.95
35	미래에셋아시아퍼시픽스타주식 1ClassA	미래에셋자산	아시아태평양주식(ex J)	1,964	40.81
36	우리CS글로벌천연자원주식ClassC 1	우리CS운용	원자재섹터	484	40.50
37	미래에셋APT배당주식 1ClassA	미래에셋자산	아시아태평양주식(ex J)	132	38.31
38	도이치브릭스플러스재간접U-1	도이치운용	신흥국주식	2,446	37.70
39	도이치브릭스플러스재간접 1	도이치운용	신흥국주식	3,081	36.35
40	피델리티아시아포커스주식형재간접자(A)	피델리티운용	아시아신흥국주식	766	33.71

금을 한시적 비과세대상으로 하여 펀드의 가입을 부추겼다.

2007년도는 펀드 돌풍 시대였다. 국내 주식형 펀드는 약 66조원으로 2006년 대비 71%가 증가하였으며 해외 펀드는 약 46조로 2006년 대비 548%의 폭발적 증가가 있었다. 이는 국내외 증시가 전반적으로 상승하였고 각 금융기관에서 국내외펀드의 설정액을 늘렸으며 은행권에서 비이자수수료 증대를 위한 방편으로 펀드 판매에 역량을 기울인 결과라고 본다.

2007년도 해외 펀드는 단연 차이나 펀드의 독주가 돋보였다. 중국의 올림픽개최에 따른 경제성장으로 증시가 무서운 속도로 상승하여 그 부작용을 우려하게끔 하였고 최근 약간 주춤한 상태이나 대부분 아직 상승여력이 있다는 판단이고 해외 펀드에서 고수익을 맞본 투자자들이 라틴아메리카나 베트남 등 신흥시장에 관심을 가지고 있는 추세이니 투자에 관심을 가지면 국내시장보다 고수익을 낼 수 있을 것으로 기대된다.

해외 펀드 가입시 고려하여야 할 사항은 투자대상 국가의 경제성장도 신경을 써야할 부분이지만 앞에서 언급한 바와 같이 환율도 검토하여야 할 사항이다. 펀드에서 이익이 나더라도 달러화표시로 된 투자금을 찾을 경우 원화로 환전이 되어야 하는데 가입시 1달러당 1,000원이었는데 환매시 1달러당 910원이 된다면 10%의 수익율을 까먹는 꼴이 되니 환헷지를 통해 이 위험을 제거하는 것이 필요하다.

달러 가치가 강세가 되고 원화 가치가 약화된다고 볼 때 즉 1달러당 1,000원이던 것이 1달러당 1,100원이 될 가능성이 있다고 예상이 될 때에는 이와 반대로 환헷지를 하지 않고 투자를 하는 것이 이익을 가져다 줄 수도 있다.

주식, 이것만은 알고 하자

주식을 거래하는 곳이 증권거래소이다.
그러나 일반인들은 통상적으로 거래소가 아니라
증권 회사를 통해 거래를 하기 때문에,
증권 회사에 계좌를 개설하여 주식을 거래하게 된다.

펀드에 이어 주식에 대한 관심도 높다. 주식으로 큰 돈을 벌었다는 주변의 얘기를 듣고 있으면 주식으로 관심이 쏠리는 것은 당연하다.

나는 전문적인 주식투자자는 아니지만, 20년 금융인으로서 금융의 한 축인 주식에 대해 관심을 가지고 지켜본 사람이다. 분석도 해보고, 직접 투자도 해보고, 간접상품에 가입도 해봤는데, 내가 내린 결론은 단 하나이다. "무조건 조심할 것"

대학 시절, 전공이 경영학이라 이론적으로는 주식이라는 것을 알았지만 실제로는 주식을 어떻게 사는지조차 몰랐다. 지금은 재테크 교육도 많고 모의투자대회 등을 통해 대학 시절부터 주식 거래에 손을 대는 사람들도 많다고 하지만, 일반인들에게 주식 거래는 여전히 먼 이야기라고 여겨진다.

내 견해로 보면 주식은 가까이해서 좋을 것이 없다. 주식의 실체를 알면 쉽게 수긍이 될 것이다.

주식은 기업이 자금조달을 위해 불특정다수에게 주권이라는 증권을 교부하는 것이다. 일반적으로 주식은 액면이 5,000원 단위이나, 경우에 따라 100원, 500원, 1,000원으로 액면 분할할 수도 있다.

예를 들어 내가 5,000원을 주고 한 주를 샀는데 기업에서 1,000원으로 액면가를 분할하면 나는 해당 기업의 주식을 다섯 주 가지고 있는 셈이 된다.

주식을 거래하는 곳이 증권거래소이다. 그러나 일반인들은 통상적으로 거래소가 아니라 증권 회사를 통해 거래를 하기 때문에, 증권 회사에 계좌를 개설하여 주식을 거래하게 된다.

그런데 주식 거래는 액면 가격으로 하는 것이 아니다. 기업의 가치가 높으면 액면 가격에 프리미엄을 얹어 거래하는 것이다. 주가를 보면 한 주에 100만원이 넘는 주식도 있으니, 잘만 고르면 벼락부자가 될 것도 같다.

주식은 부동산에 비해 접근하기도 쉽다. 목돈이 필요한 것도 아니고, 주위에서 주식으로 돈 좀 벌었다는 이야기도 심심찮게 들린다. ‘나도 한 번?’ 하는 생각이 고개를 들겠지만, 이것이 “주식 폐인”으로 가는 길이 아닐까 신중하게 생각해야 한다.

그런데 액면가 5,000원짜리 주식이 100만원을 호가하는 이유는 어디에 있는 것일까. 나는 주가란 결국 사람들의 막연한 기대 심리에서 비롯된다고 생각한다.

단순하게 예를 들어, 1주에 100만원 하는 주식 10주를 샀을 때 내게 돌아오는 수익을 따져 보자.

기업에서 내게 주는 것은 기업 이익에 대한 연말 배당금뿐인데, 배당은 액면가를 기준으로 한다. 즉 내가 들인 돈은 1,000만원인데 액면가로 따지면 나는 그 기업의 주식을 5만원어치 가지고 있는 셈이다. 100% 배당을 받는다고 해도 5만원이 들어온다. 1,000만원을 투자하고 1년에 5만원이면 연수익 0.5%이다. 배당이 200%라고 해도 10만원, 1% 수익률이다. 그나마 그 기업이 파산하면 투자 원금을 회수할 길이 없다.

그러면 이토록 불안정한 주식에 어떻게 100만원이라는 가치가 주어지는 것일까. "이 주식이 나중에 200만원으로 오르지 않을까?" 하는 막연한 기대 심리가 전부이다.

〉〉 튤립(Tulip)과 주식

17세기 초, 네덜란드에 튤립 열풍(Tulip Fever)이 몰아닥쳤다. 당시 튤립은 단순한 꽃이 아닌 자산으로 간주되면서, 암스테르담의 은행에는 튤립 구근을 보관하는 보관금고까지 생겼을 정도였다.

튤립 열풍이 절정에 달했을 때는 몇 에이커의 1급 토지를 희귀한 튤립 구근 몇 개와 교환하는가 하면, 튤립 구근 한 개가 고급 주택 한 채 가격에 거래되기도 했다. 그러나 튤립이 만병통치약도 아니고 살아가는 데 꼭 필요한 물품도 아닌데, 그렇게까지 비싼 값을 주고 사야 할 이유가 없지 않은가.

그 사실을 깨닫기까지 4년이 걸렸고, 튤립 값은 하루아침에 폭락을 거듭했다. 뒤늦게 튤립에 투자한 사람들은 파산했고, 네덜란드 경제는 그 후 몇 년 동안 튤립 열풍의 후유증을 앓아야 했다.

부동산에 투자를 하든 주식을 하든 시장 흐름의 반대에 서지 말라는 격언이 있다. 사회 분위기를 따라가라는 말인데 이때도 소위 '막차'를 탄 사람은 '쪽박'을 찬다는 것을 항상 염두에 두어야 한다.

주식도 튤립에 비교할 수 있다. 주식을 들고 있다고 돈이 생기는 것도 아니고 먹을 수 있는 것도 아니다. 자기가 쥐고 있는 주식을 사겠다는 사람이 없으면 현금화시킬 수조차 없다.

실제 우리 나라에서도 벤처기업 주식이 거래되고 있는 코스닥 시장에 튤립 열풍이 재현됐다는 말이 나오곤 했다. 주가가 내재가치를 넘어 이론적으로 설명할 수 없는 수준에 도달했음을 빗대어 말한 것이다.

그러나 우리보다 앞서 시작된 미국이나 유럽의 주식 시장이 아직도 건재한 것을 보면, 주식이라는 것 자체가 원래 이런 알 수 없는 기대 심리 속에서 성장하는 것이라는 생각도 든다.

≫ 주식 시장은 개미지옥

주식 시장에 발을 들여놓는 사람이 처음부터 주변 돈 다 끌어다 쓰면서 투자하는 것은 아니다. 주식에 빠져서 막대한 손실을 입은 사람들의 이야기를 들어보면, 사기도박에 빠져들어 패가망신하는 사람들과 비슷한 면이 있다.

내 주변 인물을 예로 들어보자.

A씨는 직장 생활을 하면서 주식과 관련, 연말정산에서 돈을 돌려받을 수 있다는 것을 알게 되었다. 신규모집주식에 투자할 수 있는 공모주 예금에 가입하면 불입금만큼 소득금액을 줄여주니, 세금을 덜 내는 셈이다.

그는 바로 공모주 예금에 200만원을 내고 가입하여 세금혜택을 받았다. 그러고 나니 중도해지가 되지 않아 계속 보유하고 있는데, 증권회사로부터 연락이 왔다. 그 돈으로 공모주도 청약하고 주식도 살 수 있다는 것이다. A씨는 신중하게 생각하여 공모주를 청약하고, 안전하다고 생각하는 은행의 주식을 사두었다.

그리고 1년 후, 정산을 해보니 세금혜택 외에도 100만원의 수익이 생긴 게 아닌가. 200만원을 넣고 100만원을 번 셈이니 은행 이자로만 따지면 50%의 수익률을 낸 것이다. A씨는 후회했다. "1,000만원을 넣었으면 500만원을 벌었을 텐데 내가 소심해서 100만원밖에 벌지 못했구나! 내년에는 있는 돈 다 투자해야겠다."

이것이 주식에 빠져 들어가는 기본 패턴이다.

A씨는 그 후 오르락내리락하는 주가에 일희일비(一喜一悲)하였으나, 결국 수천 만원을 잃었다. 그리고 몇 년 동안 주식을 끊고 살았으나 다시 궁금해서 손을 대고 또 수천 만원을 날렸다. 이렇게 하기를 세 번, 본인은 쓰리 아웃 당하고 타석에서 내려섰다고 하지만 내가 보기에는 얼마나 갈까 싶다.

주식은 한번 빠져들면 헤어나기 힘들다. 돈 잃고 손을 뗐다고 해도 주변에서 주식 이야기가 들리면 귀가 솔깃해진다. 결국 과거의 실패를 잊어버리고 다시 주식을 손에 쥐게 되는 것이다.

더 심각한 문제는 주식에 빠져 직장인으로서의 본업을 소홀히 하게 된다는 점이다. 하루 종일 내가 산 주식이 어떻게 됐을지 궁금하여 일이 손에 잡히지 않고, 수시로 인터넷을 들락거리며 시세를 확인하게 된다. 조금이라도 오르면 호기도 부려보고, 떨어지면 자신의 선택을 후회하며 초조해한다.

이런 직장인들이 많으니 회사에서 감시를 하고, 근무시간에 주식 거래를 하다가 발각되어 훈계 몇 번 듣게 되면 윗사람의 눈 밖에 나는 것도 순식간이다.

〉〉 증권사는 떨어진다는 말을 못한다

조금만 증시가 좋으면 내년 종합지수가 2,500포인트까지 오른다느니 3,000포인트 시대가멀지 않았다느니 하는 말이 들려온다. 매일 제공되는 증권사의 주가전망은 항상 긍정적일 수밖에 없다. 증시에 대해 부정적으로 쓰면 거래가 줄어들고, 증권사의 매매수수료 수익이 떨어지기 때문이다.

다음은 일간지 기사의 제목이다.

> "팔라"는 없고 "사라"뿐 한국증시 골병든다
> 국내증권사 낙관론 일색

기사의 내용은 2006년에 손해를 보고 보유 주식을 처분하려 했는데, 2007년에는 주가가 오른다는 전망이 많아 한 번만 더 믿어보자는 심정으로 가지고 있었더니 연초 주가 급락으로 도리어 손실폭이 커졌다는 이야기이다.

국내 애널리스트 보고서 중에 매도 의견을 내는 경우는 전체의 1~2%인 반면 해외 증권사들은 10~20%의 매도 의견을 내고 있어 그 차이가 크다. 그리고 문제는 매도 의견이 차지하는 비중이 매년 변하지 않고 거의 매수를 추천하고 있기 때문이다.

국내 증권사들은 자본을 굴려 얻는 수익보다 투자자들의 매매수수료 수익에 의존한다. 투자자들이 자꾸 주식을 사야 돈을 버는 구조이니, 주가가 떨어진다거나 주식을 팔라는 의견을 낼 형편이 못되는 것이다.

따라서 증시를 전망할 때 오른다고 했다가 틀리면 아무 일도 없지만, 내린다고 했다가 틀리면 바로 퇴출되는 것이 국내 증권가의 현실이라고 한다.

실제로 일부 증시 전문가들은 국내 증시의 약세를 전망했다가 최근 2~3년 사이에 주가가 상승하면서 시장을 떠났다는 말이 전해진다. 투자자들도 주가 하락을 전망하는 증시 전문가가 있으면 협박성 전화를 하고, 만약 예측이 빗나가 주가가 오르면 당신 말 듣고 팔았다가 손해를 보았으니 변상하라는 항의를 받는 일도 있다.

이런 상황에서는 증시에 나쁜 영향을 끼칠만한 분석을 내놓을 수가 없다.

증시가 한창 상승 흐름을 타던 2005년 말, 증권사들은 하나같이 2006년에 주가가 더욱 빠르게 오를 것이라며 '매수'를 외쳤다. 그러나 증권사들이 내놓은 2006년 유망 종목들의 대부분은 2005년 1년간 시장 평균에도 미치지 못하는 수익률을 기록했다. 특히 일부 종목은 주가가 20% 이상 주저앉아, 유망 종목으로 선정된 경위에 의문을 품게 만든다.

다음의 자료는 2006년 말 10개 증권사가 추천한 유망 종목들의 2007년도 수익률을 나타낸 것이다.

※ 증권사 추천 유망 종목 중 수익률 낮은 기업　　2007년 11월 26일 현재 / (단위=원 · %)

종목	지난해 말	26일 현재	수익률	추천 증권사
코아로직	31,000	11,650	−62.42	우리투자증권
휴맥스	26,000	14,850	−42.88	동양종금증권, 대신증권
IDH	5,600	3,250	−41.96	대우증권
농심	285,000	178,500	−37.37	대우증권
하이닉스	36,450	22,950	−37.04	우리투자증권, 대우증권, 미래에셋증권, 한화증권
SBSi	15,000	10,600	−29.33	대신증권
온미디어	7,970	6,500	−18.44	대신증권
국민은행	74,900	64,300	−14.15	한화증권
엔씨소프트	53,300	47,700	−10.51	우리투자증권
한국전력	42,400	38,200	−9.91	우리투자증권
LG상사	22,950	20,800	−9.37	미래에셋증권
GS홈쇼핑	83,000	75,800	−8.67	우리투자증권
삼성전자	613,000	563,000	−8.16	삼성증권, 우리투자증권, 동양종금증권, 대신증권, 굿모닝신한증권, 한화증권
롯데쇼핑	386,000	369,500	−4.27	NH투자증권, 현대증권, 한화증권
대우인터내셔널	39,050	38,000	−2.69	대신증권
현대모비스	85,900	85,200	−0.81	현대증권, 미래에셋증권, 한화증권
신한지주	47,500	49,700	4.63	삼성증권, 대우증권, NH투자증권, 미래에셋증권, 굿모닝신한증권, 한화증권
한국타이어	15,800	16,550	4.75	삼성증권
대상	12,050	12,700	5.39	미래에셋증권
현대차	67,400	71,400	5.93	한화증권

이것만 보아도 추천 종목이라는 것이 얼마나 무의미한 것인지를 알 수 있다.

한 때 '무주식이 상팔자'라는 말이 회자될 때가 있었다. 주가가 폭락할 때 주식을 보유하고 있는 투자자의 마음을 잘 표현한 말이 아닐 수 없다. 주가가 계속 떨어져도 혹시 오르지 않을까 하는 기대에 팔지도 못하고 있으니, 차라리 주식이 없는 것이 속이 편하지 않겠는가.

〉〉 증권사 리서치 자료의 숨겨진 의미

증권사 리서치 자료를 읽을 때는 액면 그대로 받아들여서는 안된다. 반드시 그들만의 용어에 대한 참뜻을 알고 임해야 한다. 증권사 애널리스트의 경우 기업 탐방이나 관련 업종의 분석경험으로 인해 일반투자자보다 훨씬 더 정확한 정보를 알고 있을 수밖에 없다. 하지만 그들은 그들이 아는 것을 그대로 말할 수 없다.

'아는 것을 말하지 못하는 것' – 이것이 바로 애널리스트의 비애인 것이다. 그래서 생겨난 것이 암호같은 용어인 것이다. 증권사에서 내놓은 보고서에서 암호같은 용어를 사용하는 이유는 다음과 같다.

1. 주가 전망을 한다는 것 자체가 넌센스이기 때문이다. 따라서 가급적 모호한 말을 사용한다. 오랫동안 월급받으며 애널리스트 생활을 위해서는 등락에 대한 명백한 표현은 삼가야 하는 것이 철칙이다. 강하게 의견을 피력할수록 리서치 세계에서 빨리 사라지는 것은 일종의 불문율이다.

2. 책임 회피를 위해서이다. 명시적인 말을 가급적 삼가야 나중에 문제가 될 소지가 적다.

3. 부정적인 전망을 내놓을 경우 이해관계자들에게 집중적인 포화를 받을 가능성이 크다. 따라서 부정적인 의견을 내놓을 때는 최대한 돌려서 강도를 약하게 하여 말하는 경향이 높다. 예를 들어, 특정 기업의 주가가 떨어질 것 같다고 전망할 경우 해당 기업에서는 물론 해당 기업의 주식을 가지고 있는 투자자로부터 집중적인 시달림을 받게 된다.

4. 같은 회사의 영업부서로부터 집중 포화를 맞게 될 가능성이 크다. 종목이나 시황에 대해 부정적인 의견을 내놓을 경우 일선 영업부서에서는 고객들의 자금 이탈 등을 비롯하여 상당한 타격을 받게 된다. 이 경우 부정적인 의견을 내놓은 애널리스트는 관련 영업부 직원(또는 임원)으로부터 집중 포화를 맞게 된다.

따라서 위와 같은 이유로 리서치 센터에 배속되어 처음 배우는 일 중 하나가 보고서 쓰는 요령인 것이다.

>> 그렇다면, 어떻게?

다음의 대표적인 용어는 반드시 그 참뜻을 알고 읽도록 한다. 다음 용어들의 참뜻만 알아도 상당부분 보고서를 쓴 애널리스트가 진정으로 말하고자 했던 내용을 알 수 있다.

- **펀더멘털 훼손** – 한마디로 경제 상황이 엄청 나빠지고 있다는 의미이다. 즉 경제지표도 안 좋고, 기업의 수익도 저하되고 있고, 재무구조도 나빠지고 있다는 의미이다. 만약 이런 주식을 가지고 있다면 무조건 팔고 나가야 한다(즉 이 문구를 보면 애널리스트가 '빨리 팔라'고 말하고 싶어 안달하는 모습을 떠올려야 한다).
- **모멘텀 약화** – 주가가 더 오를 만한 소재가 없다. 바꾸어 말하면 내려갈 일만 남았다는 의미다. 특정 종목에 대한 이런 문구가 나오면 그 종목은 추가 매수는 절대 안되며 매도쪽으로 선회하여야 한다.
- **박스권 흐름 장기화 가능성** – 앞으로 당분간 주가가 오를 일이 없다는 의미이다.

만약 해당 종목을 가지고 있을 경우는 박스권 상당에 이를 경우 일단 분할 매도를 하는 대응법으로 접근한다.

● **주가의 조정이 예상** – 주가 하락이 시작될 것이다. 일반적으로 생각하는 조정이 아니라 하락의 의미라는 점을 잊어서는 안된다. 종목을 가지고 있으면 빨리 파는 게 상책이다. 애널리스트가 감히 쓰지 못하는 단어는 '하락'이라는 단어라는 점을 기억해야 한다.

● **숲보다 나무를 보는 자세 필요한 시기** – 즉 개별 종목을 뒤져봐도 오를 만한 종목보다는 내릴 만한 종목이 많으니 그냥 시장 상황을 관망하라는 얘기다.

● **어닝쇼크 예상** – 실제 실적이 기대치보다 엄청 나빠질 것으로 예상된다는 의미이다. 이런 경우 주가 폭락이 이어진다(보통은 이미 이런 표현이 들어간 리서치 자료가 나오기도 전에 폭락해 있는 경우가 많다).

● **어닝서프라이즈 예상** – 실제 실적이 기대치보다 엄청 좋을 것으로 예상된다는 의미이다. 이미 시세에 반영되어 있는 경우가 많다. 이때는 적어도 두달 간의 주가차트를 살펴보아야 한다. 두달간 주가의 상승폭이 50% 이상되면 오히려 조심스럽게 접근해야 한다. 차익실현 매물이 급증하면서 오히려 고점에 물릴 가능성도 크기 때문이다.

● **시장의 리레이팅 예상** – '주가가 현재 저평가 되었지만, 조만간 기업가치에 맞는 상승이 예상된다.'는 의미이다. 이런 리포트가 나오면 장기투자자라면 매수를 고려해야 할 것이다.

● **톱픽으로 추천** – '그 업종의 최고 유망종목으로 추천한다.'는 의미이다. 테마로 말하면 대장주라고 생각하면 된다.

- **벨류에이션이 낮은 상황** – '주가가 상대적으로 저평가되어 있다.'는 의미이다. 기업의 실질가치보다 저평가되어 있다는 의미다.

- **바텀업시 종목별 접근 요구** – '모든 종목이 오르는 장세가 아니므로 개별종목을 발굴하여 매매하라.'는 의미이다. 즉 올라갈 종목은 고르기 쉽지 않은 장이니 가급적 매매를 자제하라는 의미로 받아들이면 된다.

- **반등을 이용해 비중을 축소하라** – '빨리 모두 청산하라.'는 의미이다. 이미 말한 바와 같이 부정적인 표현은 잘 쓰지 않음에도 불구하고, '비중을 축소'라는 표현을 사용한다는 것은 폭락이 예상된다는 뜻이다.

- **매매 타이밍을 길게 잡아라** – '당분간 주식을 사지 말라.'는 의미이다. 한 마디로 길고 지루한 하락내지 횡보가 예상되는 시점이므로 주식매매를 당분간 하지 말아야 된다는 의미다.

- **보수적인 투자전략이 필요하다** – 이 역시 '이제부터는 주식을 사지 말라.'는 의미이다.

- **방어적 접근이 필요** – 이 역시 '이제부터는 주식을 사지 말라.'는 의미이다.

- **관망하는 자세 필요** – 이 역시 '이제부터는 주식을 사지 말라.'는 의미이다.

- **수급구도 악화되고 있다** – 이미 '발빠른 투자자와 세력은 빠져 나가고 있다.'라는 의미이다. 따라서 늦었지만 지금이라도 빨리 팔아 치우고 다음을 준비하라는 의미로 받아들여야 한다.

증권사에서 나오는 리서치 자료를 읽을 때 위와 같은 문구가 나오면 반드시 숨겨진 참뜻을 이해해야 제대로 대응할 수 있다. 앞에서 설명한 것처럼 증권사의 애널리스트는 활자화된 보고서이기 때문에 조심스럽게 그것도 부정적인 내용이라면 많은 안티(항의)가 들어오기 때문에 더욱 그렇다. 이런 애널리스트의 입장에서 한번쯤 생각하면 좀더 진실에 가까운 정보를 알아낼 수 있다.

정리해 말하면, 증권사의 보고서에서 부정적인 표현은 그 표현의 강도를 일반적으로 느끼는 강도보다 5배 내지 10배로 느끼고 행동해야 한다. 증권사의 보고서는 약간의 부정적인 단어도 그 의미는 엄청난 것일 가능성이 높기 때문이다.

>> 개미의 상대는 개미가 아니다

국가대표 축구팀과 동네 조기축구회와 축구시합을 하면 사람들은 국가대표팀이 이기는 것을 당연하게 생각한다. 그런데 이렇게 당연한 사실을 주식 시장에 뛰어든 개미들은 인식하지 못한다.

개인 투자자들은 주식을 할 때 상대방이 누구인지 모르고 있는 것 같다. 속칭 개미라고 하는 개인 투자자는 상대가 개미인 줄 알고 있는데, 그것은 대단한 착각이다. 개미의 상대는 거액을 휘두르는 기관투자가와 외국인, 기업의 내부사정을 잘 알고 있는 전문가 또는 회사 관계자인 것이다.

기사 내용에도 보듯이 기업의 호재성 재료는 발표 이전에 이미 알 만한 사람은 다 아는 것인데, 개미들은 이런 것을 알 방도가 없다.

개인 투자자가 접할 수 있는 정보라고는 신문이나 뉴스, 주변의 소문 정도지만, 상대는 막강한 자금력을 앞세워 기업에게 자료를 요구하고 향후 사업계획까지 얻어낼 수 있는 위치에 있다. 주식 시장은 개미가 생각하는 것처럼 그렇게 공정한 시장이 아니다.

한 가지 더, 증권회사의 추천 종목을 살펴보자. 순진하게 생각하면 증권사 추천 종목이란 각 증권사에서 회사의 이름을 걸고 기업의 가치를 판단해서 알려주는 것이다. 따라서 일반 투자자들은 추천 종목이 안전하다고 믿기 쉽다.

그런데 이상하게도 추천 종목이라고 발표한 뒤에는 주가가 떨어진다고 한다. 의혹의 시선으로 보자면, 현재 증권사가 보유하고 있는 주식을 추천 종목에 올리고, 매수주문이 몰려들어 주가가 오를 때 팔아 이득을 남긴다는 분석도 가능하다. 이것은 외국인 투자자들이 종종 쓰는 수법이기도 하다.

많은 사람들이 외국인들의 투자패턴을 따라간다. 외국인은 특정 기업의 주식을 사고 공시를 하는데, 그러면 사람들은 그 기업에 호재가 있다고 생각해 덩달아 주식을 매수하기 시작한다. 그래서 주가가 오르면 외국인들은 주식을 처분하고 팔았음을 알린다. 그러면 다시 주가가 떨어지고 개인 투자자는 손해를 본다.

주식에 투자해 본 사람이라면 누구나 겪었을 법한 이야기이다. 그들을 상대로 수익을 내려고 하는 것은 동네 조기축구회가 국가대표 축구팀하고 붙어서 이기려는 것과 다를 바가 없다.

03 금융 기관과 친해져라

일을 사랑하지 않고 단지 돈을 벌기 위해
일하는 사람은 삶의 즐거움도 모를 뿐만 아니라
결국에는 돈도 벌지 못할 것이다.

-찰스 슈왑-

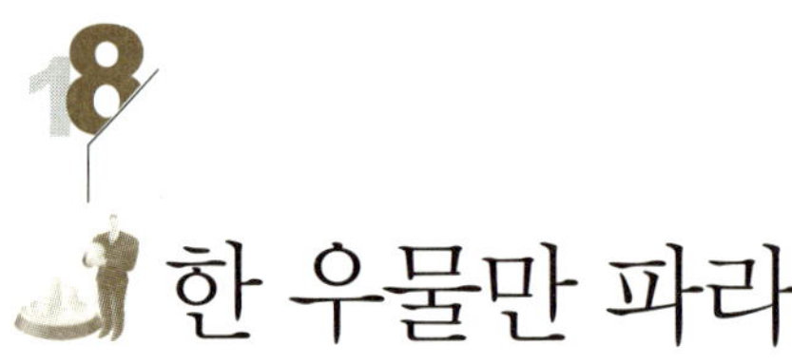

한 우물만 파라

현대 사회는 신용 사회다.
금융 기관도 담보에만 집착하던 관행을 버리고 개인의 신용에 따라 대우를 달리 한다.
즉 신용만 좋으면 담보 없이도 대출을 받을 수 있는 것이다.

직장인이 되면 일단 급여 통장부터 만들게 된다. 급여 통장을 만들었다는 것은 재테크에 한 발 더 나아갔다는 것이다. 그러나 이 급여 통장을 어떻게 활용해야 할까?

현대 사회는 신용 사회다. 금융 기관도 담보에만 집착하던 관행을 버리고 개인의 신용에 따라 대우를 달리 한다. 즉 신용만 좋으면 담보 없이도 대출을 받을 수 있는 것이다.

개인의 신용은 각종 금융거래, 공과금이나 이용대금 납부상황 등에 따라 달라지며, 특히 직장, 연소득, 거래기간, 수익기여도 등이 중요한 영향을 미친다.

동네 할인마트에서 물건을 사면 계속 거래를 유도하기 위해 마일리지나 쿠폰을 준다. 어차피 살 물건이라면 한 곳을 꾸준히 거래하여 여벌로 적립되는 혜택을 받는 것도 현명한 소비자가 되는 지름길이다.

금융 기관도 마찬가지다. 먼저 각종 공과금과 적금 등을 모두 월급 통장에서 자동이체시켜 놓아야 한다. 그렇게 되면 시간이 지나도 지출 내용을 모두 확인할 수 있게 된다. 그리고 통장의 잔고가 부족하여 자동이체가 되지 않을 경우를 대비하여 미리 '마이너스 통장'을 만들어 놓으면 잔고가 부족해서 나중에 연체료를 내지 않아도 된다.

한 은행에서 꾸준히 거래를 하면 이에 따라 예금 금리를 높여 주거나 대출 금리를 낮춰 주기도 하고, 각종 수수료 혜택도 받을 수 있다.

특히 개인뿐 아니라 가족 전체가 한 은행과 거래하면 거래 실적이 합산되어 고객 등급이 상향조정된다. 통장 여러 개 가지고 있어봐야 관리도 제대로 안되니, 한 곳으로 모아 더 나은 혜택을 받도록 하자.

 빚이 느는 것을 두려워하지 말자

회계학 서적을 보면 부채의 증가는 자산의 증가라고 쓰여 있다.

즉 부채를 잘 활용해서 자산을 취득하면,

그 자산의 평가금액이 늘어남에 따라 부채보다

더 많은 수익을 올릴 수가 있기 때문이다.

제목만 보고는 놀라는 사람이 있을 것이다. 물론 먹고 꾸미고 노는 것 때문에 빚이 있어서는 절대로 안된다. 여기에서 말하는 빚은 재산을 늘리기 위한 빚을 말하는 것이다.

자기가 가진 돈만으로 투자를 할 수 있는 사람은 복 받은 사람이다. 대개의 경우 전세를 계약하거나 부동산에 투자할 때 거금이 필요하게 되어 은행에서 자금을 빌리게 되는데, 일단 은행에서 대출을 받는다는 것 자체를 두려워하는 사람이 있다.

이런 사람은 투자 측면에서 보면 발전의 가능성이 없는 사람이다. 회계학 서적을 보면 부채의 증가는 자산의 증가라고 쓰여 있다. 즉 부채를 잘 활용해서 자산을 취득하면, 그 자산의 평가금액이 늘어남에 따라 부채보다 더 많은 수익을 올릴 수가 있기 때문이다. 따라서 은행 대출을 잘 활용하면 자산을 더 빨리 늘릴 수 있다.

한 가지 명심해야 할 것은, 자신이 부담할 수 있는 이자의 한계가 어느 정도인지 잘 파악해야 한다는 점이다.

소득에서 이자로 지급해야 하는 금액이 크면 결국 오래 버티지 못하고 중간에 자산을 처분해야 하는 상황이 벌어진다.

직장인의 경우 퇴직하고 놀다가 돈이 떨어지면 급한 마음에 자기가 원하지 않는 곳에 재취직하게 되는 경우가 많은데, 자산을 처분할 때도 마찬가지다. 돈에 쫓기는 상황에서는 자산을 헐값에 처분하게 될 확률이 높으므로, 이자를 충분히 감당할 수 있는 정도의 규모로 대출을 받는 것이 중요하다. 물론 내 집을 마련하기 위해 대출을 받을 때에는 최대한 낮은 금리로 대출을 받아야 한다. 왜냐하면 큰돈을 대출받기 때문에 작은 이자의 차이라도 기간이 지나면 지날수록 큰 차이가 나게 되기 때문이다.

대출 제도는 항상 변한다. 부동산 규제가 심할 때는 은행 대출도 까다롭지만, 또 어느 정도 분위기가 살아나면 여러 은행이 경쟁적으로 대출을 해줄 때도 있다.

대출을 받는 입장에서는 우선 대출 금리가 가장 낮은 곳을 찾아야 한다. 그리고 겉으로 제시한 금리와 실제 적용 금리의 차이를 파악할 수 있는 눈을 길

러야 한다. "점포정리 80% 대박 세일"이라는 문구에 이끌려 들어갔는데 알고 보니 10~20% 할인 품목이 대부분인 경우가 얼마나 많은가. 대출 금리도 사람들을 끌기 위해 단 0.1 퍼센트라도 낮게 광고하지만, 구체적으로 따져 들어가면 다소간 오르는 경향이 있다는 것을 명심하자.

〉〉 신용대출

요즘은 개인의 신용도가 좋으면 어느 은행에서나 대출을 해주려고 한다. 그러나 돈이 필요할 때 신용도가 낮아 은행에서 거절당하면 다른 곳에서 더 높은 이자를 주고 대출을 받아야 한다. 따라서 재테크의 세계에 뛰어들기 위해서는 평소에 신용 관리를 잘 해야 한다.

개인의 신용 평가에 가장 기본이 되는 것은 직장과 연소득이다. 여기에 각종 신용카드 대금이나 제세공과금의 연체 여부 등이 복합적으로 어우러져 개인의 신용도를 결정짓는다.

그러나 가급적이면 신용대출은 피하는 것이 좋다. 이자가 비싸기 때문이다. 신용대출의 경우 은행 입장에서 보면 담보대출보다 돈을 못 받을 확률이 높기 때문에 그런 위험이 반영되어 이율이 더 높은 것이다.

〉〉 부동산담보대출

주택을 구입할 때, 사고자 하는 주택을 담보로 대출을 받는 것을 말한다. 이렇게 대출을 받으면 해당 주택의 등기부등본에 '저당권설정'이라고 적히는데, 해당 주택이 담보로 제공되었다는 뜻이다.

부동산담보대출의 경우 정해진 기간보다 먼저 대출금을 갚으면 도리어 중도상환수수료를 받는다. 정해진 기간까지 써야 할 것을 도중에 갚으니 일종의 약속위반으로 벌금을 물리는 형태이다.

부동산담보대출에서는 대출기간보다 금리가 변동금리인가 확정(고정)금리인가가 중요하다. 변동금리는 3개월마다 이자가 변동되는 것이고, 확정금리는 정해진 기간 동안 처음 정한 금리를 적용하는 것이다.

그러면 부동산을 담보 삼아 어느 정도의 금액을 대출받을 수 있을까? 담보대출 가능 금액을 산정하는 데는 DTI(총부채상환비율)라는 기준이 있다.

$$\text{총부채상환비율(\%)} = \frac{\text{전체 금융기관 부채의 연이자상환액}}{\text{연소득}}$$

DTI는 대개의 경우 40% 이내로 규제하는데, 쉽게 말하면 월소득이 100만원인 경우 매달 이자로 나가는 금액이 40만원을 넘어서는 안된다는 것이다.

표를 보면 연소득이 3,000만원일 경우 대출기간이 10년이면 7,000만원 정도 대출이 가능하고, 대출기간이 20년이면 1억1,000만원 정도 대출이 가능하다. 이 금액은 최대로 나올 수 있는 금액이고, 담보로 잡히는 주택의 가치에 따라서 대출 금액은 줄어들 수 있다.

※ 주택담보대출의 소득별 대출가능금액

대출기간	10년		15년		20년		30년	
금리	6.30%	6.30%	6.40%	6.40%	6.50%	6.50%	6.55%	6.55%
연소득/대출기간	1년거치9년	10년	1년거치14년	15년	1년거치19년	20년	3년거치27년	30년
연소득	9	10	14	15	19	20	27	30
	1.21546	1.12533	0.90269	0.86562	0.76486	0.74557	0.65875	0.63536
10,000,000	22,625,179	24,437,276	30,464,501	31,769,137	35,954,292	36,884,531	41,745,731	43,282,548
15,000,000	33,937,768	36,655,914	45,696,751	47,653,705	53,931,438	55,326,797	62,618,596	64,923,823
20,000,000	45,250,358	48,874,552	60,929,001	63,538,273	71,908,585	73,769,063	83,491,461	86,565,097
25,000,000	56,562,947	61,093,190	76,161,251	79,422,841	89,885,731	92,211,328	104,364,326	108,206,371
30,000,000	67,875,537	73,311,829	91,393,502	95,307,410	107,862,877	110,653,594	125,237,192	129,847,645
35,000,000	79,188,126	85,530,467	106,625,752	111,191,978	125,840,023	129,095,860	146,110,057	151,498,920
40,000,000	90,500,716	97,749,105	121,858,002	127,076,546	143,817,169	147,538,125	166,982,922	173,130,194
45,000,000	101,813,305	109,967,743	137,090,252	142,961,115	161,794,315	165,980,391	187,855,787	194,771,468
50,000,000	113,125,895	122,186,381	152,322,503	158,845,683	179,771,461	184,422,656	208,728,653	216,412,742
65,000,000	147,063,663	158,842,295	198,019,254	206,499,388	233,702,900	239,749,453	271,347,249	281,336,565
70,000,000	158,376,253	171,060,933	213,251,504	222,383,956	251,680,046	258,191,719	292,220,114	302,977,839
75,000,000	169,688,842	183,279,571	228,483,754	238,268,524	269,357,192	276,633,985	313,092,979	324,619,114
80,000,000	181,001,432	195,498,209	243,716,004	254,153,093	287,634,338	295,076,250	333,965,844	346,260,388
90,000,000	203,626,611	219,935,486	274,180,505	285,922,229	323,588,631	331,960,782	375,711,575	389,542,936
100,000,000	226,251,789	244,372,762	304,645,005	317,691,366	359,542,923	368,845,313	417,457,306	432,825,485

대출기간	10년		15년		20년		30년	
금리	6.30%	6.30%	6.40%	6.40%	6.50%	6.50%	6.55%	6.55%
연소득/대출기간	1년거치9년	10년	1년거치14년	15년	1년거치19년	20년	3년거치27년	30년
연소득	9	10	14	15	19	20	27	30
	1.21546	1.12533	0.90269	0.86562	0.76486	0.74557	0.65875	0.63536
10,000,000	25,367,625	27,399,370	34,157,167	35,619,941	40,312,388	41,355,384	46,805,819	48,528,918
15,000,000	38,051,437	41,099,055	51,235,751	53,429,912	60,468,582	62,033,075	70,208,729	72,793,377
20,000,000	50,735,250	54,798,741	68,314,335	71,239,882	80,624,777	82,710,767	93,611,638	97,057,836
25,000,000	63,419,062	68,498,426	85,392,918	89,049,853	100,780,971	103,388,459	117,014,548	121,322,295
30,000,000	76,102,875	82,198,111	102,471,502	106,859,823	120,937,165	124,066,151	140,417,457	145,586,754
35,000,000	88,786,687	95,897,796	119,550,085	124,669,794	141,093,359	144,743,843	163,820,367	169,851,213
40,000,000	101,470,500	109,597,481	136,628,669	142,479,764	161,249,553	165,421,534	187,223,276	194,115,672
45,000,000	114,154,312	123,297,166	153,707,253	160,289,735	181,405,747	186,099,226	210,626,186	218,380,131
50,000,000	126,838,124	136,996,851	170,785,836	178,099,705	201,561,942	206,776,918	234,029,096	242,644,590
65,000,000	164,889,562	178,095,907	222,021,587	231,529,617	262,030,524	268,809,993	304,237,824	315,437,967
70,000,000	177,573,374	191,795,592	239,100,171	249,339,587	282,186,718	289,487,685	327,640,734	339,702,426
75,000,000	190,257,187	205,495,277	256,178,755	267,149,558	302,342,912	310,165,377	351,043,643	363,966,885
80,000,000	202,940,999	219,194,962	273,267,338	284,959,528	322,499,107	330,843,069	374,446,553	388,231,344
90,000,000	228,308,624	246,594,332	307,414,506	320,679,469	362,811,495	372,198,452	421,252,372	436,760,262
100,000,000	253,676,249	273,993,703	341,571,673	356,199,410	403,123,883	413,553,836	468,058,191	485,289,180

소득공제대상 (37%) / 무주택세대주, 85이하, 기준시가3억이하, 상환기간 15년이상, 등기후 3개월이내

대출 금리는 낮출 수 있다

채무자의 자산이나 소득이 늘어나면
은행에서는 채무자가 빚을 갚을 확률이 높아졌다고 판단할 수 있다.
이럴 경우에는 은행에서는 금리를 낮춰줄 수 있다.

자산 설계를 하고 그에 따라 대출을 받았다. 그 후에 연소득이 큰 폭으로 올랐거나, 회사를 대기업으로 옮겼거나, 승진을 해서 직급이 올랐다면 어떨까.

채무자의 자산이나 소득이 늘어나면 은행에서는 채무자가 빚을 갚을 확률이 높아졌다고 판단할 수 있다. 이럴 경우에는 은행에서는 금리를 낮춰줄 수 있다. 그러나 은행이 어떻게 채무자 개개인의 상황을 자세히 알 수 있을까? 혹여 알게 되더라도 은행 측에서 먼저 금리를 낮춰주겠다는 제안을 하는 일은 드물다. 따라서 자신의 이런 상황을 은행에 알리고 금리를 낮춰달라고 요구할 수 있는 것이다.

부동산담보대출의 경우를 보자. 아파트를 담보로 삼아 은행으로부터 대출을 받은 경우, 아파트 가격이 오르면 은행 측에서는 원금회수 가능성이 높아진다. 이럴 경우 대출을 받은 사람이 금리 인하를 요구하면, 대개의 경우 채무자의 요구를 받아들여 금리를 조정해준다.

이런 조정은 은행 측에서도 나쁜 것만은 아니다. 요즘처럼 금리가 오르고 있을 때는 그 폭이 크기 때문에 은행에서 대출 신규고객을 유치하기 위해서는 낮은 금리를 제시해야 한다. 따라서 기존의 우량고객은 계속 잡고 있는 편이 유리하므로, 고객이 금리조정을 요구할 경우 신규대출시 적용되는 금리와 비슷한 수준까지 조정을 해준다.

그런데 채무자의 제반여건이 좋아졌음에도 불구하고 거래 은행이 금리인하 요구에 응하지 않으면 어떻게 할 것인가. 심각하게 생각할 필요 없이 다른 은행의 금리 수준은 어느 정도인지 알아보면 되고, 신용대출의 경우는 더 낮은 금리를 제시하는 은행으로 갈아탈 수도 있다.

그러나 부동산담보대출의 경우는 상황이 조금 다르다. 은행을 바꾸기 위해서는 저당권말소비용, 저당권설정비, 인지대 등의 부대비용이 들기 때문에 경우에 따라서는 큰 실익이 없을 수도 있다. 최근 은행에서는 저당권설정비 등을 대신 납입해주며 신규고객을 유치하는 경우도 있으니, 이자가 줄어들면서 생기는 이득과 대출을 다른 은행으로 옮기면서 발생하는 부담금을 비교하여 판단하면 된다.

주의해야 할 것은 당장의 금리인하효과 때문에 변동금리의 위험을 무시해서
는 안된다는 점이다. 변동금리는 얼마 못 가 예전에 물었던 이자보다 훨씬 올려
받을 수도 있기 때문에, 이런 사항에 대한 확실한 설명을 들어두어야 한다.

금리가 인상됐다구?

금리 인상기에는 예금을 가입할 때 기간별 금리를 잘 파악해야 한다.
3개월 예금의 이율이나 1년 예금의 이율에 큰 차이가 없다면,
단기로 예금을 가입하는 것이 유리할 수도 있다.

최근 여기저기에서 금리 인상 소식이 들려온다. 금리 인상은 부동산과 밀접한 관계가 있다.

부동산 가격이 높아지는 이유를 단순하게 말하면 공급보다 수요가 많기 때문이다. 부동산에 대한 수요를 실수요와 가수요로 나누는데, 실수요는 거주를 하기 위해 집을 사거나 농사를 짓기 위해 땅을 사는 것이다. 반면 가수요는 투자 혹은 투기의 목적으로 부동산을 사는 것이다. 쉽게 말해 한 사람 명의로 집이 한 채라면 그 사람은 실수요자로 볼 수 있지만, 한 사람 명의에 집이 서너

채일 때는 가수요일 가능성이 높다.

금리가 인상되면 가수요를 억제하는 효과가 있다. 금리가 낮으면 여유자금을 은행에 유치해도 이자수익이 거의 발생하지 않기 때문에, 이 자금은 은행을 벗어나 주식이나 부동산 등으로 몰리게 되어 부동산 가수요가 늘어난다. 그러나 금리를 올리면 여유자금이 은행으로 유입되기 때문에 부동산 가격을 안정시키는 효과를 발휘한다.

금리 인상은 또한 실수요도 억제하는 효과가 있다. 일반적인 경우 집을 사기 위해 은행으로부터 대출을 받게 되는데, 금리 인상으로 인해 대출금리도 높아지기 때문에 섣불리 대출을 받기가 어렵다. 금리 인상은 이래저래 부동산 억제책의 성격을 갖는 것이다.

원래 경기 침체를 극복하기 위해서는 금리를 낮춰서 시중으로 자금이 많이 유통되도록 해야 한다. 그러나 최근 부동산 가격이 급등하면서 이례적으로 고금리 정책이 등장하고 있다.

우리 나라의 가계대출 중 가장 높은 비중을 차지하는 것이 주택구입자금 대출이다. 금리가 올라도 대출금액이 적으면 큰 문제가 되지 않겠지만, 집을 구입하면서 수억원 규모의 대출을 받은 사람은 타격이 커진다.

금리가 올라가면 예금에 가입한 사람은 좋지만 대출을 받은 사람은 불리하다. 그러면 향후 금리의 변동에 따라 자금 운용의 방법도 달리 해야 한다. 따라서 자금운용계획을 세우기 위해서는 금리가 어떻게 될 것인지 예측할 수 있어야 하는데 전문가들도 정확히 예측하기 어려운 것을 일반 서민이 잘 짚어낼 수 있겠는가. 그래도 현재의 금리상승 분위기는 당분간 꺾일 것 같지 않다. 많은 금융전문가들이 급격한 상승은 없겠지만 그렇다고 떨어지지는 않을 것으로 내다보고 있다.

그렇다면 금리상승시대를 맞아 우리는 어떻게 판단하고 행동해야 할까.

〉〉 예금, 3개월 vs 1년

예금에 가입할 당시 정기예금 금리가 4% 수준이었는데, 금리가 계속 올라 3개월 후에 4.3%가 되었고 6개월 후에는 4.5%가 되었다고 하자.

정기예금은 가입했을 때의 금리를 만기시까지 적용하므로 중간에 금리가 올라도 최초 가입한 때의 금리가 적용된다. 따라서 처음에 4%로 1년 가입을 했다면 6개월 후 금리가 4.5%까지 올랐을 때 가입한 경우에 비해 손해를 볼 수 있다는 것이다.

그러면 금리인상기에는 예금을 3개월 단위로 가입하면 금리인상에 따른 이득을 전부 얻을 수 있다고 생각하기 쉽다. 그러나 통상적으로 3개월짜리 예금보다 1년짜리 예금의 이율이 더 높다. 가입시에 3개월 예금의 이율이 4%이고 1년 예금의 이율이 4.5%라면 굳이 3개월 단위로 쪼개서 가입할 필요가 없어지는 것이다.

따라서 금리 인상기에는 예금을 가입할 때 기간별 금리를 잘 파악해야 한다. 3개월 예금의 이율이나 1년 예금의 이율에 큰 차이가 없다면, 단기로 예금을 가입하는 것이 유리할 수도 있다.

대출을 받고자 하는 경우에는 변동형 상품을 선택하지 말고, 대출 이자가 몇 년간 고정되어 있는 확정형 상품을 이용하는 것이 유리하다.

금리가 계속 떨어졌던 시기에는 시장 금리에 따라 이율이 변하는 변동형 상품이 인기를 끌었으나, 최근 금리가 상승기조로 돌아서면서 확정금리에 대한 수요가 늘어나고 있다.

대출을 받는 입장에서는 확정형 상품을 선택해야 한다. 금리가 갈수록 높아지는 시기에는 더 오르기 전에 일정 기간 동안 고정된 금리로 대출을 받는 것이 유리하기 때문이다.

그러나 금리 인상이 예상되는 시기에 은행 측에서 확정금리로 대출해주는 것을 환영할 리가 없다. 은행에서는 당연히 앞으로의 금리를 예측하고, 확정금리로 대출해줄 경우 금리를 어느 정도로 적용해야 이득을 볼 수 있을지 따져본다. 즉, 처음에 고정금리를 몇 퍼센트로 정해야 차후에 금리가 몇 퍼센트 오르는 시점까지 이익이 발생하는지 계산한다는 것이다.

따라서 확정금리 대출은 변동금리 대출에 비해 대출 받는 시점의 금리가 높게 형성되어 있다. 그리고 확정금리가 적용되는 기간도 정해져 있어, 10년이고 20년이고 같은 금리로 대출을 유지할 수는 없거니와, 10년 후의 금리를 예측한다는 것 자체도 불가능한 일이다.

확정금리를 적용하는 기간은 대개 3년 정도로 고정되어 있다.

그런데 이 3년 고정금리도 판단을 잘 해야 한다. 아무리 그래도 은행이 전문가인데 은행 측에서 손해를 보도록 금리를 정하지는 않을 것이 아닌가.

　요모조모 따져보면 결국 처음부터 높은 금리를 책정한 확정금리 상품은 이미 3년을 변동금리로 하여 내는 이자와 비슷하게 설정되었으리라는 예측이 가능하다.

　IMF 직후 대출금리가 1년에 20~30%나 상승한 일이 있어 변동금리로 대출을 받은 사람들은 큰 손해를 보았지만, 그런 극단적인 예를 보아 확정금리가 좋다고 섣불리 말하기도 어려운 일이다.

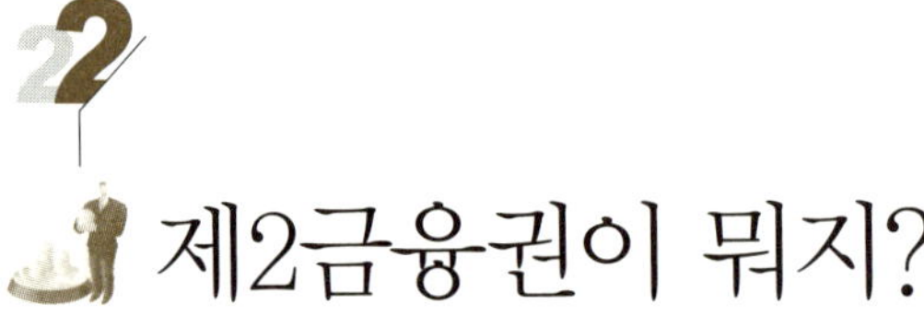

제2금융권이 뭐지?

BIS비율이란 국제결제은행(BIS) 기준에 따른
은행의 자기자본비율을 말하는 것으로
BIS비율이 높은 은행일수록 안전한 은행이다.

아마도 제2금융권이라는 말을 처음 들어보는 사람도 있을 것이다.

금융권은 크게 제1금융권과 제2금융권으로 나뉜다. 여러분이 일반적으로 거래하고 있는 은행이 제1금융권이다. 여기에 농협중앙회, 수협중앙회, 기업은행, 수출입은행 등의 특수은행이 포함된다. 은행은 자금이 필요한 사람에게는 돈을 빌려 주고 대출 이자를 받으며, 자금이 있는 사람에게는 예금 이자를 주고 돈을 굴려 주는 역할을 한다.

　제2금융권은 상호저축은행, 농·수협단위조합, 신용협동조합, 새마을금고, 보험회사, 신탁회사, 증권회사, 카드회사 등을 말한다.

　제2금융권 중 상호저축은행, 농·수협단위조합, 신용협동조합, 새마을금고는 규모가 작고 안전성은 떨어지는 대신 금리가 높고 세금 면에서 유리한 점이 있어 잘 이용하면 제1금융권보다 높은 수익을 올릴 수 있다.

　제2금융권이라고 하면 사람들이 가장 먼저 걱정하는 것이 안전성이다. 제2금융권을 고를 때 주의해야 할 점은 BIS비율이다. BIS비율이란 국제결제은행(BIS) 기준에 따른 은행의 자기자본비율을 말하는 것으로 BIS비율이 높은 은행일수록 안전한 은행이다. BIS비율은 은행의 건정성과 안전성 확보를 목적으로 1988년부터 국제결제은행(BIS)의 은행규제감독위원회(바젤위원회)가 '자기자본 측정과 기준에 관한 국제적 합의'를 제정하여 발표했으며, 1992년 말부터 은행은 8%이상, 상호저축은행은 5%이상을 유지하도록 권고하고 있다. 그러므로 BIS비율이 높은 곳일수록 안정적이므로 이를 따져보고 고르면 된다.

　만일 거래하고 있는 제2금융이 부도가 난다고 해도 원금과 이자를 더해 5,000만원이 넘지 않는 금액은 모두 보호받을 수 있다. 따라서 안전성이 의심되면 이자가 붙을 것을 고려하여 만기 금액이 5,000만원 이하가 되도록 조절하면 된다.

　개인별로 가입할 수 있기 때문에, 큰 금액일 경우 가족 개개인이 각자 가입하면 위험을 피할 수 있는데, 한 가지 주의해야 할 것이 있다.

　예를 들어, 한 가족이 제2금융권인 S상호저축은행의 1억 정기예금에 가입하려고 한다. 그러나 5,000만원이 넘는 금액이기 때문에 만일의 사태에 대비하여 아버지(4,000만원)와 아들(3,000만원), 딸(3,000만원)의 명의로 각각 통장을 만들어 예치를 하였다.

그런데 편의상 만기가 됐을 때 아버지가 모두 찾을 수 있게 해 놓는다거나, 세 통장에서 발생하는 이자를 모두 아버지 통장으로 들어가도록 하면, 여기에서 문제가 발생할 수 있다. 예금주 보호대상여부를 심사할 때 이 예금이 모두 아버지의 것이라는 해석이 가능하기 때문에 보호를 받지 못하게 될 수도 있기 때문이다.

따라서 가족 명의로 분산하여 예치하려면 이런 점도 조심하여 오해의 소지가 없도록 해야 한다.

보험 가입은 빠를수록 좋다

재테크 초보자들에게 보장성 종신보험 1개는 필수이다.

종신보험은 나이가 들어 가입하면 값이 비싸지므로 당장 들어야 한다.

그러나 보험은 저축과는 다르기 때문에 종신보험을 가입할 때는

보장성 보험 형태로 가입하는 것이 좋다.

내 집 마련도 하고 두둑한 돈까지 있는데 만일 건강이 안 좋다면 어떨까? 생각만 해도 아찔한 이야기이다. 그래서 직장인으로서 사회에 첫발을 내딛었을 때는 최소한 1개 이상의 보험 상품에 가입해야 한다. 보험은 불의의 사고에 대비하기 위한 것이라 재테크나 종자돈과는 관련이 없어 보이지만, 당장 내일 어떻게 될지 알 수 없는 것이 사람 사는 일인지라, 최소한의 안전 장치로 여겨 반드시 가입해야 한다.

내가 조심한다고 모든 위험을 피해갈 수는 없다. 나는 교통신호 준수하면서

잘 운전하고 있는데 재수 없게 따라오던 차가 졸음운전이라 사고가 날 수도 있는 일이다. 하다못해 술에 취해 느긋하게 돌아가다가 강도를 만날 수도 있고, 최악의 경우에는 암에 걸릴 수도 있지 않은가.

종자돈을 마련한다고 허리띠를 졸라매는 것도 좋지만, 애써 모은 종자돈을 활용해보기도 전에 덜컥 사고라도 당하면 병원비 지출로 모든 계획이 물거품이 될 수도 있다. 보험에는 보장성 보험과 저축성 보험이 있다.

■보장성 보험 : 정해진 기간에 사고가 발생하지 않으면 그 동안 납입한 보험료가 소멸된다. 보장성 보험의 가장 대표적인 것은 자동차 사고가 낼 것을 대비하여 가입하는 자동차 보험이다.
■저축성 보험 : 목돈마련이나 노후생활자금을 대비해 주는 보험 상품으로 납입한 보험료보다 만기시 지급되는 급부금이 더 많은 보험이다.

위에서 보았듯이 저축성 보험은 목돈 마련의 기능은 있으나 보장성이 약하고 가입 기간이 너무 길어 종자돈 마련에는 실질적인 기여를 하지 못한다. 보험을 들 때는 보험 불입금을 다시 찾아서 활용할 생각은 버리고 저렴한 보험료로 더 나은 보장을 해주는 것에 초점을 맞춰 가입하는 것이 현명하다.

재테크 초보자들에게 보장성 종신보험 1개는 필수이다. 종신보험은 나이가 들어 가입하면 값이 비싸지므로 당장 들어야 한다. 그러나 보험은 저축과는 다르기 때문에 종신보험을 가입할 때는 보장성 보험 형태로 가입하는 것이 좋다.

청약 저축부터 들자

청약관련 예금은 훗날의 재테크를 기약하기 위한 가장 기본이다.
2007년 9월 17일부터 새로 시행된 '청약가점제' 시행으로
젊은이들에겐 불리해졌으나 청약 부금, 청약 예금 상품과는 달리
'청약 저축' 가입자는 새로 바뀐 가점제 영향을 받지 않는다.

재테크에 성공한 사람들은 하나같이 내 집 장만하기를 통해 종자돈을 늘렸다. 그러므로 재테크 초보자들도 빨리 내 집을 마련하게 되면 그만큼 안정적으로 재테크에 초석을 다지게 되는 것이다. 그렇다면 어떻게 내 집을 마련해야 할까? 바로 하루라도 빨리 주택청약통장에 가입하는 것이다.

청약관련 예금은 훗날의 재테크를 기약하기 위한 가장 기본이다. 2007년 9월 17일부터 새로 시행된 '청약가점제' 시행으로 젊은이들에겐 불리해졌으나

청약 부금, 청약 예금 상품과는 달리 '청약 저축' 가입자는 새로 바뀐 가점제 영향을 받지 않는다. '청약가점제'란 가구 소득, 부동산 자산, 부양가족수, 무주택기간, 청약통장 가입 기간에 따라 가중치를 부여해 이를 합산한 종합 점수로 당첨자를 결정하는 방식이다. 단, 가구소득과 부동산자산 항목은 정확한 파악을 위해 개인 자산 전산화가 완료되는 2010년부터 적용한다.

주택청약관련 예금은 아파트를 청약할 수 있는 예금으로 통한다. 물론 가끔 연립주택도 분양하고 있으나, 우리 나라의 주거 개념은 아파트가 차지하고 있고, 가격 상승폭도 다른 주택군에 비해 월등하다.

주택청약 예금에는 청약 예금, 청약 부금, 청약 저축의 세 가지가 있다. 이들은 납입 방식과 신청할 수 있는 주택의 규모, 신청할 수 있는 주택이 국민주택이냐 민영주택이냐 등의 차이로 구별된다.

국민주택이란 정부에서 지원하는 국민주택기금으로 건설되는 주택이다. 전용면적이 60㎡(약 18평) 이하로, 주택공사에서 주로 공급하기 때문에 주공아파트라고 보면 된다.

민영주택이란 정부의 국민주택기금을 받지 않고 민간 건설업체가 건설하는 공동주택을 말한다.

국민주택과 혼동하기 쉬운 용어로 국민주택규모라는 단어가 있다. 국민주택은 전용면적이 60㎡ 이하인 주택을 말하며, 국민주택규모란 전용면적 85㎡ 이하의 주택을 말한다. 국민주택규모는 사회통념상 "중산층이 거주할 수 있는 주택규모"로, 흔히 말하는 33평형, 35평형 정도가 여기에 속한다. 그리고 이 세 가지 중 하나만 선택하여 가입할 수 있다. 재테크 초보자들에게는 청약 저축이 가장 좋은 상품이다.

〉〉 청약 저축

국민주택(전용면적 60㎡ 이하)을 분양받기 위한 예금이다. 적금처럼 매달 납입하며, 무주택기간과 납입금액에 따라 우선순위가 정해진다.

같은 1순위자라도 청약 예금이나 청약 부금과는 달리 3년 무주택, 5년 무주택을 구분하고 무주택기간이 같을 경우 납입금액이 많은 사람에게 우선순위가 있다. 그러나 한 달 불입금 상한선이 10만원이므로, 결국 오랜 기간 불입한 사람이 유리하다.

무주택세대주여야 하며, 매달 3만원에서 10만원까지 납입이 가능하고 연말정산 혜택도 받을 수 있다.

| 1순위 | 가입 후 2년 경과
월납입금을 연체 없이 24회 이상 납입 |
| 2순위 | 가입 후 6개월 경과
월납입금을 연체 없이 6회 이상 납입 |

〉〉 청약 부금

전용면적 85㎡ 이하의 민영아파트를 분양받기 위한 예금이다. 적금처럼 매달 납입하는데, 85㎡를 초과하는 아파트는 분양받을 수 없다.

청약 부금은 지역별로 예치해야 하는 금액이 다르고, 연체가 있을 경우 순위가 약간 늦어진다. 성인이면 누구나 가입이 가능하며, 매달 5만원에서 50만원까지 납입이 가능하다.

1순위	가입 후 2년 경과 지역별 예치금액 이상 납입
2순위	가입 후 6개월 경과 지역별 예치금액 이상 납입

※지역별 예치금

서울 지역	광역시	기타 지역
300만원	250만원	200만원

〉〉 청약 예금

전용면적 85㎡ 이하 또는 85㎡를 초과하는 민영아파트를 분양받기 위해 가입하는 상품이다. 청약 저축이나 청약 부금처럼 월납입식이 아니라 일정 금액을 한 번에 정기예금으로 예치해야 한다. 금리는 정기예금과 비슷하며, 분양을 받기 위해 예치해야 하는 금액은 지역·평형마다 다르다.

1순위와 2순위의 조건은 청약 부금과 같고, 성인이면 누구나 가입이 가능하다.

※지역·평형별 예치금

평형＼지역	서울지역	광역시	기타지역
85㎡ 이하	300만원	250만원	200만원
85㎡ ~ 102㎡	600만원	400만원	300만원
102㎡ ~ 135㎡	1,000만원	700만원	400만원
135㎡초과	1,500만원	1,000만원	500만원

〉〉 추천 상품은 청약 저축

이상의 세 가지 주택청약관련 예금은 1인 1계좌, 즉 한 사람이 세 가지 예금 중 하나에만 가입할 수 있으므로 셋 중 하나를 골라서 가입해야 하는데, 가장 추천할만한 것은 청약 저축이다.

저축에 대한 이자도 지급되고 청약권도 주어지며, 가입 기간이 긴 사람이 유리하기 때문에 입사와 함께 가입해야 하는 필수 예금이다.

특히 청약 저축은 나중에 청약 예금으로 변경이 가능하다.

청약 저축은 원래 전용면적 60㎡ 이하의 집을 분양받기 위한 예금이지만, 중간에 마음이 달라졌을 경우 더 큰 평형을 신청하는 것이 가능하다는 것이다.

청약 저축은 청약 예금으로 전환되는 반면, 청약 부금은 청약 저축으로 전환할 수 없다.

이와 같은 전환 규정은 국민주택의 공급량이 민영주택을 따라가지 못하기 때문에 생긴 것으로 보인다. 오랜 기간 기다리는 국민주택 수요자(청약 저축 가입자)에게 비교적 공급이 원활한 민영주택을 신청할 수 있도록 해주는 것이다.

※ 청약 저축, 청약 예금, 청약 부금간의 전환

청약 저축, 청약 부금 → 청약 예금 (전환가능)
청약 저축 → 청약 부금 (전환불가)
청약 예금 → 청약 저축, 청약 부금 (전환불가)
청약 부금 → 청약 예금 (전환가능)

 여태 CMA도 없어?

MMF는 입출금이 자유로우면서도
정기예금 수준만큼의 이자를 받을 수 있다.
CMA는 자산관리계좌로 하루만 맡겨도 연 5%의 높은 이자를 지급하고 있다.

당장 쓸 일은 없으나 장기간 묶어둘 생각도 없는 목돈이 생길 때가 있다. 각종 보너스로 갑자기 몇백 만원이 들어왔다거나, 적금을 탔는데 잠시 활용 계획을 세워야 한다거나 할 때인데, 이 돈을 이자도 거의 붙지 않는 예금 통장에 묶어두자니 손해를 보는 기분이 든다.

단기 자금이라 어차피 은행에서 받을 수 있는 이자가 얼마 되지는 않지만 그래도 공돈인데 이왕이면 한 푼이라도 더 받는 것이 좋지 않겠는가.

이럴 때 MMF를 이용하면 된다. MMF는 입출금이 자유로우면서도 정기예금 수준만큼의 이자를 받을 수 있다.

MMF는 Money Market Fund의 약자로, 고객의 투자금을 모아 CP(기업어음)나 CD(양도성예금), 콜 등 단기금융상품에 집중 투자해서 얻은 수익을 되돌려주는 초단기 실적배당형 상품이다. 단기 유동성 자금 운용에 가장 경쟁력이 있는 상품으로, 환매수수료가 없어 단 하루만 예치해도 실적에 따른 수익을 지급한다. 또한 입출금이 자유롭고 투자 금액에도 제한이 없어 편리하게 이용할 수 있다.

MMF는 정부가 평가방식을 적용하는 펀드이므로 금리 변동에 따른 위험성이 낮고, 우량채권 및 단기 유가증권 등으로 운용하므로 안정성과 유동성이 높다. 다만 만기가 짧은 우량채권 중심으로 운용되므로 일반적인 채권형 펀드에 비해 수익률은 낮다. 수익률은 약 1년에 4%대이며, 약간의 변동은 있지만 단 하루를 맡겨도 이자가 붙는다는 데 매력이 있다. 그래서 보통 주식거래를 하는 사람이 대기성 자금을 MMF에 많이 예치한다.

또한 MMF는 펀드지만 채권에 주로 투자하므로 원금손실 위험이 전혀 없고 입출금이 자유롭다는 것을 장점으로 꼽을 수 있다. 그러나 각종 자동이체가 되지 않는다는 단점이 있다.

MMF와 함께 요즘 직장인에게 각광받고 있는 상품으로 CMA가 있다.

CMA는 Cash Management Accounts의 약자로, 자산관리계좌라고 부른다. 이자가 거의 없다시피 한 은행 자유입출금 예금에 비해 CMA는 하루만 맡겨도 연 5%대의 높은 이자를 지급하고 있어, 많은 직장인들이 급여 통장을 CMA로 변경하고 있다. CMA는 수시입출금이 가능하며, 인터넷 뱅킹, 급여 자동이체, 공과금 납부, 현금카드를 통한 입출금 등 다양한 서비스를 제공한다.

CMA 가입은 종금사나 증권사에서 가능하며, 일부 은행에서도 취급한다. 특히 동양종합금융증권에서 CMA를 가입할 경우 5,000만원까지 예금자보호가 되는 장점이 있다.

신용 카드 현명하게 사용하기

카드사용에 따른 연말정산 혜택을 보려면
무조건 총급여액의 15%이상을 사용하여야 한다.
따라서 부득이한 경우가 아니라면 반드시 카드를 사용하도록 하고
카드사용이 여의치 않을 경우 현금영수증을 반드시 챙겨야 한다.

요즘은 현금을 사용하는 사람들이 줄고 대부분 플라스틱머니인 카드를 사용한다. 현금 소지라는 위험성과 불편함을 대체하는 수단이기도 하나 다른 한편으로는 적지만 재테크 수단으로도 활용되기 때문이다.

〉〉 연말정산 소득공제

급여생활자는 연말정산에 카드사용액 중에서 일정액을 공제받을 수 있는데 그 대상을 보면 근로자 본인과 연간소득금액이 100만원 이하인 배우자 및 생

계를 같이하는 직계존비속(배우자 및 배우자의 직계존속과 입양자 포함)이 국내에서 사업자로부터 재화나 용역을 제공받고 신용카드, 기명식선불카드, 직불카드, 또는 현금영수증을 사용하여 그 대가로 지급하는 금액으로 전년도 12월부터 당해년도 11월까지 사용한 금액 중 일정액을 받을 수 있다.

카드사용에 따른 연말정산 혜택을 보려면 무조건 총급여액의 15%이상을 사용하여야 한다. 따라서 부득이한 경우가 아니라면 반드시 카드를 사용하도록 하고 카드사용이 여의치 않을 경우 현금영수증을 반드시 챙겨야 한다. 또한 본인의 카드사용뿐만 아니라 공제대상에 해당되는 가족들이 지출하는 경비도 가급적 카드사용을 하도록 하여야 하고 마찬가지로 부득이한 경우는 현금영수증을 발급받도록 당부하는 것이 연말이 따뜻해지는 첩경인 것이다.

일일이 현금영수증을 받기 귀찮다면 국세청에서 발급해 주는 현금영수증카드를 활용하는 것도 좋은 방법이며 최근 의료비를 카드로 지급하였을 경우 의료비공제를 선택하든지 카드사용 공제로 선택하든지 한 가지만 공제가 가능하도록 법 개정이 되면서 어느 쪽의 공제금액이 유리한가를 계산하여야 하는 번거로움이 생겼다.

27 신용 카드 vs 직불 카드 vs 체크 카드

체크 카드는 신용 카드와 같은 가맹점에서 사용이 가능하나
역시 신용 기능이 거의 없고 가입자의 예금잔액 범위내에서
사용한 대금이 즉시 가맹점계좌로 지급되는 형식의 카드로써
직불 카드와 같이 가입자 예금잔액 범위내에서 사용된다.

신용 카드는 말 그대로 신용을 근간으로 발급되는 것으로 결제계좌에 당장 현금이 없더라도 일정한 범위 내에서 카드사에서 먼저 가맹점에 지급해 주고 카드결제일에 사용대금을 받는 형태의 카드로써 소액의 현금서비스기능도 있다.

사용 당시 결제대금의 유무를 묻지 않고 사용하는 것이므로 은행에서 카드를 발급해 줄 때 가입자의 신용상태를 검토한 후 발급하는 것으로 일정한 자격이 요구된다. 그러나 카드사의 과다경쟁시에 자격규제 없이 무제한 발급되어 결국 카드대란의 빌미가 되기도 했다.

직불 카드는 현금카드와 비슷한 개념으로 기본적으로 자기 예금계좌에 잔액이 있는 범위내에서만 사용이 가능한 것으로 가맹점에서 물품을 구입시 익일에 사용자계좌에서 사용금액이 인출되어 가맹점계좌로 입금된다. 이 직불 카드는 별도의 직불 카드 가맹점에서만 사용이 가능하므로 불편하며 실제 가맹점 숫자도 많지 않은 편이다.

체크 카드는 신용 카드와 같은 가맹점에서 사용이 가능하나 역시 신용 기능이 거의 없고 가입자의 예금잔액 범위내에서 사용한 대금이 즉시 가맹점계좌로 지급되는 형식의 카드로써 직불 카드와 같이 가입자 예금잔액 범위내에서 사용된다. 체크 카드는 단지 현금소지 대체수단이나 신용카드 사용을 꺼리는 사람에게 적합한 카드이다.

금투자로 환테크하는 방법

금 관련 투자에는 두 가지 방법이 있다.

흔히 금괴로 알려진 골드바라는 현물을 사는 방법과,

금융 기관을 통해 통장 거래를 하는 방법이다.

금융 기관을 통해 금을 사면 당시의 시세대로 무게(g)로 환산하여 통장이 만들어진다.

한때 금 관련 투자가 황금알을 낳는 거위처럼 생각되어 유행한 적이 있다. 국제 금값이 상승하여 금에 투자한 사람들이 큰 이득을 보았다는 소문이 나면서, 일반 사람들도 금 투자에 높은 관심을 보였다.

금 관련 투자에는 두 가지 방법이 있다. 흔히 금괴로 알려진 골드바라는 현물을 사는 방법과, 금융 기관을 통해 통장 거래를 하는 방법이다. 금융 기관을 통해 금을 사면 당시의 시세대로 무게(g)로 환산하여 통장이 만들어진다.

최근 몇 년 사이에 금값이 올랐다고는 하나, 금 관련 투자는 실익을 거두기 어렵다.

금을 사고 팔 때는 각종 비용이 따라붙는다. 현물, 즉 골드바를 사면 10%의 부가세가 붙고, 시세보다 5% 정도 높은 가격에 구입해야 한다. 그러나 팔 때는 기준가격보다 5% 낮은 가격으로 팔아야 하기 때문에, 골드바를 통해 이익을 보려면 샀을 때와 비교해 20% 이상의 가격 상승이 이루어져야 한다.

은행에서 통장을 만들어 적립식으로 거래할 경우, 부가세가 붙지는 않지만 입금·출금시에 손해가 발생한다. 입금할 때, 즉 금을 살 때는 기준가격에서 1.2% 높은 가격으로 사게 되고, 인출할 때는 1.2% 낮은 가격으로 팔게 되므로, 시세에 비해 2.4%의 기본적인 손실을 안고 가는 셈이다. 또한 통장의 잔액을 현물로 찾고자 할 경우는 부가세 10%와 수수료 3.8%가 추가로 붙기 때문에 특별한 경우가 아니면 현금으로 인출해야 한다.

금 투자가 어려운 것은 금값에 작용하는 변수가 다양하기 때문이다.

여러 변수 중에서도 금값에 핵심적인 변화를 가져오는 것이 달러의 가치와 환율이다. 금값은 달러가 약세일 때 오르는 경향을 보이므로 달러의 변화를 잘 예측해야 한다. 또한 국제 금값은 달러를 기준으로 거래되기 때문에 달러화/원화 환율이 변하면 수익에 큰 차질을 빚을 수 있어, 요즘처럼 원화가 강세를 보일 때는 수익률이 악화된다.

예를 들어 금 1돈이 50달러라고 하자. 금을 살 때의 환율이 '1달러=1,000원'이었다면, 5만원을 주고 금 1돈을 사게 된다. 시간이 지나 금값이 20% 상승하여 1돈에 60달러가 됐다. 그러면 이득을 본 것이라고 생각하기 쉽지만, 팔 때의 환율이 '1달러=800원' 수준이 되면 손에 쥐게 되는 것은 4만8,000

원이다. 금값은 올랐는데 환율이 낮아져 손해를 본 것이다. 여기에 금 거래에 필요한 각종 비용을 제하고 나면 결국 더 손해를 보게 된다.

일상 생활을 하다 보면 굳이 외국 돈을 쓸 일이 없다. 기껏해야 해외 여행을 갈 때 환전해서 가는 정도가 전부인 사람이 대부분이다. 그래서 환율에 따른 이득과 손실을 관리하는 '환테크'에는 큰 관심을 쏟지 않는데, 금만 예로 들더라도 환테크의 중요성을 알 수 있다.

또한 부동산이나 펀드를 비롯하여 각종 해외 투자에 관심이 쏠리고 있는 요즘, 외환 거래에 대한 상식 정도는 알아둬야 하지 않겠는가.

펀드를 설명하면서 언급했듯이, 해외 투자는 단순히 수익률의 문제가 아니다. 해당 투자금을 회수하여 원화로 바꾸는 단계에서 환율로 인한 큰 차이가 발생하기 때문이다.

원화 강세 시대의 환테크

- 유학 간 자녀에게 송금은 가급적 늦춰라

원화가 강세를 보일 때는 달러화 송금을 천천히 해야 유리하다. 달러화가 약세이면 같은 돈으로 달러를 더 많이 바꿀 수 있기 때문이다.

- 환전시기를 고려하라

해외 여행이나 해외 출장을 갈 때는 환전을 천천히 하고, 귀국했을 때는 남은 달러를 빨리 원화로 환전하는 것이 유리하다.

- 해외에서는 신용 카드를 사용하라

해외에서 사용한 신용 카드 대금은 며칠 혹은 보름 후에 국내에서 달러화로 결제하게 된다. 따라서 카드를 사용하고 결제를 할 때까지 달러 약세가 지속되면 돈을 적게 낼 수 있다.

금융 상품을 체크하자

RP는 환매조건부채권. 일정기간 후에 다시 사들이는 조건으로 채권을 팔아
단기자금을 확보하는 금융수단이다.
만기시에는 정해진 금액으로 다시 사들이는데,
처음에 채권을 팔 때 할인된 금액으로 판매한다.

ABS, ELS, REITs, CD, RP… 다양한 금융 상품을 가리키는 말은 각종 IT 용어만큼이나 어렵게 보인다. 자세한 수익구조나 투자흐름까지 알 필요는 없겠지만, 상식적인 수준 정도는 알아두어야 재테크에 있어서 입맛에 맞는 정보를 골라내는 눈을 가질 수 있다.

>> ABS (Asset Backed Security)

자산유동화증권. 이름 그대로 자산을 담보로 발행된 증권을 유통시키는 것이다. 금융 기관이 건물, 토지, 공장 등의 저당권을 담보로 발행한 채권이라고 보면 된다.

은행이 기업에 돈을 빌려주고 대출약정을 맺었는데 은행 사정상 자금이 필요할 경우 만기가 되지 않은 기업에 돈을 상환하도록 요구할 수는 없다. 이럴 때 대출 채권을 저당권과 함께 특수법인에 넘기고, 여기에서 증권을 발행한 후 증권사에서 판매하는 것이다.

투자자는 증권사 창구를 통해 ABS를 구입할 수 있다. 이후 해당 기업의 대출 만기일이 되어 기업에서 돈을 갚으면 은행에서 특수법인에 돈을 지불하고, 이 돈을 ABS 투자자들에게 이자와 함께 지급하게 된다.

수익률은 일반적으로 은행의 예금이자보다는 높으나 증권 종류별로 다르기 때문에 수익률에도 차이가 있다.

〉〉 ELS (Equity Linked Securities)

주가지수연계증권. 자산의 대부분을 안전한 우량채권에 투자해 원금을 보존하면서, 자산의 일부를 주가지수옵션 등의 파생금융상품에 투자해 고수익을 노릴 수 있다는 장점이 있다.

ELS도 원금이 보전되는 상품은 아니지만 투자금의 90%는 지정 종목과 우량채권에 투자한 뒤, 채권 이자와 주가 변동률을 고려해 원금을 보전하도록 설계되어 있다. 그리고 투자금의 10% 정도를 주가지수옵션 등 파생상품에 투자하므로 원금 손실의 위험이 매우 낮다.

ELS는 안전성을 최대한 확보한 상태에서 현재 우리가 받을 수 있는 일반적인 이자율 이상의 수익을 낼 수 있기 때문에 많은 기대를 모으고 있는 상품이다. 그 동안 안전성을 상징하는 '원금 보장'과 수익성을 상징하는 '고수익' 사이에서 어려운 결단을 내려야 했던 투자자들에게는 양쪽을 모두 겸비한 매력적인 상품이 아닐 수 없다.

ELS도 취급하는 곳마다 약간씩 조건이 다른데, B증권사의 ELS 상품을 예로 들어보자.

이 상품의 경우 1년 만기로 가입했을 때 가입 기간 동안 주가지수가 한 번이라도 30% 이상 상승하면 8%의 확정금리를 받을 수 있다. 설혹 주가지수 상승률이 30%를 넘지 않더라도, 만기 시점 종합주가지수 상승률의 40%를 이자로 받을 수 있다.

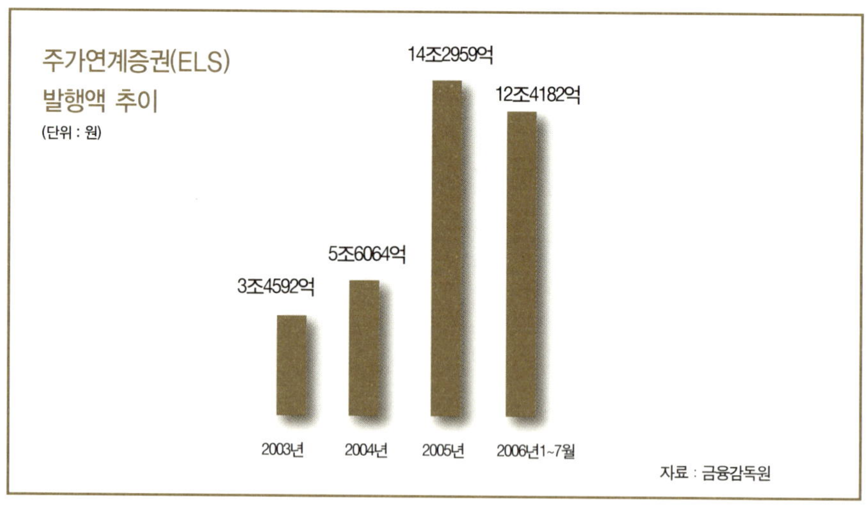

만일 청약 당시 주가지수가 600이라고 했을 때, 1년 이내에 주가지수가 한

번이라도 780을 넘어서면 투자자는 원금 대비 8%의 수익을 낼 수 있다. 주가지수가 780을 넘지 못했고 만기 당일 지수가 660선이라면 주가지수는 10% 상승한 셈이다. 따라서 상승한 주가지수의 40%인 4%의 수익을 받을 수 있다.

ELS 상품을 선택할 때는 먼저 이후 주식 시장의 상승 여부를 예측해보아야 한다. 또한 ELS도 원금을 보장하는 상품과 보장하지 않는 상품이 있다. 어느 상품이나 원금을 보장하는 것은 안전한 대신 수익률이 떨어지고, 원금을 보장하지 않는 것은 수익률은 높지만 원금 손실을 볼 수 있다는 것을 염두에 두어야 한다.

》 REITs (Real Estate Investment Trusts)

부동산투자신탁. 다수의 투자자들로부터 자금을 위탁 받아 부동산 및 부동산관련 대출이나 유가증권에 투자하여 그 운용수익을 투자자에게 배당하는 상품이다. 소액투자자에게 자금을 모아서 투자한다는 의미에서 '부동산 뮤추얼펀드'라고 부르기도 한다.

REITs는 부동산을 주식화하여 투자자들에게 매개하기 때문에, 큰 규모의 부동산 소유는 상상조차 할 수 없었던 소액투자자에게 좋은 기회가 된다. 뿐만 아니라 REITs는 일반 부동산 투자가 갖는 단점도 보완해준다. 부동산은 규모가 크고 가격도 비싸기 때문에 거래가 신속하게 이루어지지 않고, 그만큼 현금으로의 전환도 느리다. 그러나 REITs를 통하면 부동산을 주식처럼 거래할 수 있어 신속한 거래가 가능하다.

모든 REITs는 배당을 하게 되는데, 최근 배당률은 연 8% 정도로 다른 일반

투자의 배당에 비하여 상당히 높다.

REITs는 주식에 비해서 안전성도 높다. 일반 주식의 경우 기업의 가치가 급락하면 한순간에 주식이 '휴지조각'이 된다고 표현할 정도지만, 부동산은 그 자체가 사라지는 것이 아니기 때문에 투자 자금에 대한 최소한의 보호 장치가 마련되어 있는 셈이다. 여기에 더해 이사회나 분석가, 감사 등을 통해 항상 감사를 받기 때문에 한층 더 안정적이다.

›› CD (Certificate of Deposit)

양도성예금증서. 양도가 가능한 무기명 예금증서이다. 최저 금액 2,000만 원 이상으로, 예치기간은 60일에서 270일까지이다. 금리는 3~4%대로 그다지 우수한 상품은 아니다. 이 증서는 시중에서 유통이 자유롭고 만기시에 은행에서 진위 여부가 확인되기 때문에, 유난히 위·변조사건이 많이 발생하는 상품이다.

›› RP (Repurchase Agreement)

RP는 환매조건부채권. 일정기간 후에 다시 사들이는 조건으로 채권을 팔아 단기자금을 확보하는 금융수단이다. 만기시에는 정해진 금액으로 다시 사들이는데, 처음에 채권을 팔 때 할인된 금액으로 판매한다.

중도환매가 되지 않고 예금자보호대상도 아니나, 대부분의 금융권 RP는 국채 등 우량채권을 대상으로 하기 때문에 원금 손실 위험은 거의 없다. 수익률은 연 4~4.5% 정도이다.

04

전월세 **제대로** 알고 하자

인간이 가지고 있는 가능성은 무한하다.
우리가 해야 할 일은 오직
그 깊은 우물에 호스를 대는 것뿐이다.
−잭 웰치−

목돈 사용의 첫걸음

예금, 적금 금리가 몇 퍼센트인가를 따지는 것도 중요하지만,
현실적으로 목돈을 떼이지 않고
안전하게 지키는 법을 알아두는 것이 무엇보다도 중요하다.

처음에 종자돈 1,000만원을 모으기는 상당히 어렵다. 그러나 1,000만원을 가지고 2,000만원으로 불려 나가는 것은 상대적으로 쉽게 느껴진다. 무엇이든지 처음 과정이 어렵지 그 다음부터는 훨씬 편해지기 마련이다. 이렇게 모은 돈을 가장 먼저 어디에 쓰게 될까? 대부분 이렇게 모은 목돈을 처음 사용하게 되는 일은 자기 집을 마련하는 일이다. 특히 사회초년생의 경우, 성실하게 직장 생활을 해왔다면 5년 이내에 독립이나 결혼을 위한 자금을 마련할 수 있을 것이다.

독립을 하든 결혼을 하든 집이 필요하다. 처음부터 집을 마련해서 새출발을 시작하는 사람들도 있겠지만, 대부분은 전세나 월세에서부터 시작하기 마련이다. 그러나 일이백도 아니고 몇천 만원이나 되는 거금을 운용해야 하는데, 처음 겪는 일이다 보니 이런 목돈을 어떻게 해야 안전하게 다룰 수 있는지 모르는 사람들이 많다.

전세는 세를 얻을 때 목돈으로 보증금을 지불하고 계약기간 내에 별도로 돈을 지불하지 않는다. 계약이 끝났을 때 보증금 전체를 돌려받는다.
월세는 세를 얻을 때 목돈으로 보증금을 지불하고 다달이 일정액을 추가로 지불한다. 계약이 끝났을 때 처음 지불한 목돈만 돌려받고, 살면서 다달이 낸 금액(월임대료)은 돌려받지 못한다.
일반적으로 전세보증금보다 월세보증금이 적다. 월세는 다달이 추가로 임대료를 내기 때문이다. 집주인의 입장에서 보면 전세에서 보증금이라는 목돈을 포기하는 대신, 해당 전세보증금을 은행에 예치했을 때보다 월임대료가 높을 경우 월세를 놓게 된다.

그래서 대개는 어른들이 함께 다니며 집을 알아보기도 하고 대신 계약해주는 경우도 많다. 그러나 아무리 어른이라도 집 거래를 주업으로 하는 것이 아니기 때문에 이래저래 허술한 부분이 많이 생긴다. 이럴 때 만약 실수로 문제가 있는 집을 얻어 전월세 보증금을 날리는 최악의 사태가 벌어지면 직장인의 종자돈에서 큰 부분이 무너지게 된다. 이렇게 되면 이후의 자금 계획에 중대한 차질이 생기는 것은 말할 것도 없다.

따라서 예금, 적금 금리가 몇 퍼센트인가를 따지는 것도 중요하지만, 현실적으로 목돈을 떼이지 않고 안전하게 지키는 법을 알아두는 것이 무엇보다도 중요하다.

그러나 이런 지식은 학교에서 가르쳐주지 않는다. 직장에 들어와도 전문적인 카운슬러는 만날 수 없고, 고작 직장 선배로부터 경험담을 듣는 정도가 전부인 것이다.

내 경우도 독립 초기에는 별다른 지식이 없었다. 그래도 다행히 큰 사고 없이 지나갈 수 있었으나, 은행에서 채권관리업무를 진행하다 보니 정말 많은 사람들이 단순히 잘 몰랐기 때문에 억울한 일을 당하는 것을 자주 보게 되었다.

전월세 보증금이 가진 돈의 전부이다시피 한 사람들이 이 돈을 돌려받지 못해 어려움을 겪는 것을 보고, 지금 막 독립을 꿈꾸는 젊은 사람들에게는 무엇보다도 이 부분을 정확히 알려주는 것이 중요하다는 생각을 하게 되었다. 법은 몰랐다고 해서 인정을 베풀지 않기 때문이다.

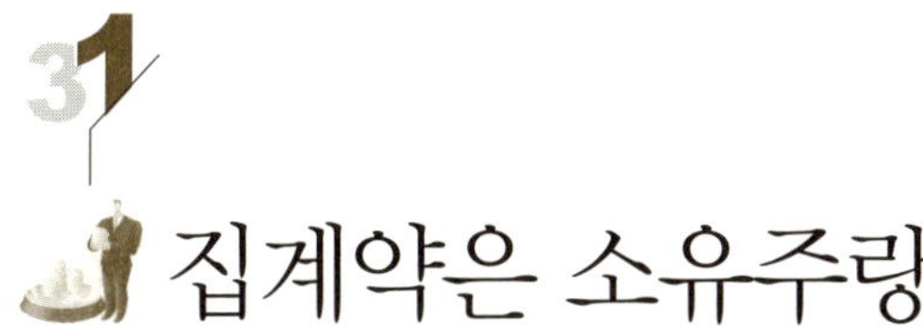

집계약은 소유주랑

계약을 할 때는 주민등록증을 요구하여 거래하는 상대자가
집주인 본인임을 확인해야 한다.

내 집 마련의 부푼 꿈을 안고 첫발을 내딛을 때
가장 기본은 집주인과 거래하는 것이다. 그런데 세를 얻다 보면 집주인이 멀
리 떨어진 곳에 산다거나 시간을 낼 수 없다거나 하여 대리인을 내세워 계약
을 하는 경우가 있다.

집을 계약하는 일이 처음인 젊은이들은 이럴 때 당연히 권리가 있는 사람이
와서 계약을 한다고 믿게 된다. 그래서 정확한 집주인을 확인할 생각은 못하
고 부동산 중개업소를 믿고 계약하는 일이 많다.

그러나 조금만 알고 나면 이런 일이 얼마나 위험한 일인지 깨닫게 된다. 비록 소유자의 부인이 대신 와서 계약을 했다 하더라도, 나중에 집주인이 인정을 하지 않으면 무자격자와 계약한 것이 되어 계약 자체가 무효가 될 수 있다. 무자격자인 부인의 민형사상 책임은 뒤로 하더라도 당장 돈을 돌려받지 못하므로 매우 곤란한 상황에 처할 수 있다.

따라서 계약을 할 때는 주민등록증을 요구하여 거래하는 상대자가 집주인 본인임을 확인해야 한다. 좋게 넘어가면 될 것을 굳이 그렇게까지 하고 싶지 않은 것이 사람 마음이지만, 섭섭한 감정은 잠깐이고 내 돈은 영원하다는 사실을 염두에 두자.

만약 대리인이 와서 대신 계약을 할 경우 위임장을 쓰고 인감도장을 날인토록 해야 하며, 소유자의 인감증명서로 인감도장을 확인하는 것이 뒤에 벌어질지 모를 위험한 상황을 확실히 예방하는 방법이다.

집의 소유주를 확실히 하는 방법으로 등기권리증도 확인해야 한다. 등기권리증은 흔히 어른들이 '집문서'라고 말하는 것으로, 집을 소유했을 때 그 소유자가 누구인지를 확인해주는 문서인 셈이다.

혼동하지 말아야 할 것은, 권리증이란 등기를 표시만 해주는 문서라는 점이다. 따라서 권리증을 잃어버렸다고 권리행사를 못하는 것은 아니다. 그래도 등기권리증을 확인해야 하는 이유는 형식적인 소유자라도 해도 소유자를 확인할 수 있는 서류임에는 틀림이 없기 때문이다.

TV 드라마를 보면 자식이 집문서를 갖고 달아나 집안이 발칵 뒤집히는 장면이 나온다. 그래서 집문서가 다른 사람 손에 넘어가면 집의 소유권을 잃는 것으로 생각하는 경우가 있는데, 이는 사실이 아니다. 집을 팔기 위해서는 본인의 부동산 매도용 인감증명서가 필요하고, 인감도장도 있어야 한다.

권리증을 분실했을 경우는 재발급이 되지 않는다. 그래도 통상적으로 본인의 주민등록증을 제시하고 좌우 지문을 채취한 후 법무사에서 확인한 서면으로 권리증을 대신할 수 있으므로 집을 거래하는 데는 지장이 없다.

<table>
<tr><td colspan="2" rowspan="2" align="center">(전 세) 월 세 계 약 서</td><td>□임 대 인 용</td></tr>
<tr><td>□임 차 인 용</td></tr>
<tr><td></td><td></td><td>□사무소보관용</td></tr>
</table>

부 동 산 의 표 시	소재지					
	구 조		용 도		면 적	m² 평
월 세 보 증 금	금		원정	월세		원정

제 1 조　위 부동산의 임대인과 임차인 합의하에 아래와 같이 계약함.
제 2 조　위 부동산의 임대차에 있어 임차인은 보증금을 아래와 같이 지불키로 함.

계 약 금	원정은 계약시에 지불하고
중 도 금	원정은　　년　　월　　일 지불하며
잔 금	원정은　　년　　월　　일 중개업자 입회하에 지불함

제 3 조　위 부동산의 명도는　　년　　월　　일로함
제 4 조　임대차 기간은　　년　　월 로부터 (　　　)개월로 함.
제 5 조　월세금액은 매월 (　　　)일에 지불키로 하되 만약 기일내에 지불치 못할 시에는 보증금액
　　　　에서 공제키로 함.
제 6 조　임차인은 임대인의 승인하에 개축 또는 변조할 수 있으나 계약 대상물을 명도시에는 임차인이
　　　　일체 비용을 부담하여 원상복구하여야 함.
제 7 조　임대인과 중개업자는 별첨 중개물건 확인설명서를 작성하여 서명 날인하고 임차인은 이를 확인
　　　　수령함. 다만 임대인은 중개물건 확인설명에 필요한 자료를 중개업자에게 제공하거나 자료수집
　　　　에 따른 법령에 규정한 실비를 지급하고 대행케 하여야 함.
제 8 조　본 계약을 임대인이 위약시는 계약금의 배액을 변상하며 임차인이 위약시는 계약금은 무효로
　　　　하고 반환을 청구할 수 없음.
제 9 조　부동산 중개업법 제20조 규정에 의하여 중개료는 계약 당시 쌍방에서 법정수수료를 중개인에
　　　　게 지불하여야 함.
단 :

위 계약조건을 확실히 하고 후일에 증하기 위하여 본 계약서를 작성하고 각 1통씩 보관한다.

년　　　월　　　일

임 대 인	주　　　소				
	주민등록번호		전화번호	성 명	□
임 차 인	주　　　소				
	주민등록번호		전화번호	성 명	□
중개업자	주　　　소			허가번호	
	상　　　호		전화번호	성 명	□

등기부등본, 이것만은 꼭 확인하자

등기부등본은 계약할 때, 중도금을 지불할 때,
잔금을 지불할 때, 전입신고직전 모두 확인하는 것이 좋다.

등기부등본만 잘 보면 집을 살 때 실수가 없다. 등기부등본에는 집의 소유관계나 저당을 잡히고 대출을 받아 쓴 사실, 세금을 내지 않아 압류가 걸려 있다거나 하는 사항들이 적혀 있다. 시, 군, 구청에서 발급받을 수 있고 인터넷 대법원사이트(http://www.scourt.go.kr)에서도 쉽게 발급받을 수 있으므로 계약할 때, 중도금을 지불할 때, 잔금을 지불할 때, 전입신고직전 모두 확인하는 것이 좋다. 왜냐하면 집주인이 계약을 하고 나서 세입자 몰래 대출을 받는 경우도 있기 때문이다. 들어갈 집이 단독 주택인지, 아니면 아파트 같은 집합건물인지에 따라 등기부등본에서 확인해야 할 사항이 달라진다.

집은 건물과 토지로 구성되는데, 아파트처럼 여러 사람의 소유자가 한 동에 거주하는 집합건물은 건물등기부등본만으로 토지등기사항을 알 수 있도록 되어 있다. 이에 비해 단독주택은 건물등기부등본과 토지등기부등본을 따로 작성하므로, 이 두 가지를 다 발급받아서 확인해야 한다.

그런데 재테크 새내기들의 경우 등기부등본을 눈앞에 들이대도 무슨 소리를 하고 있는 것인지 모르는 사람들이 많다. 글을 읽되 적혀 있는 것이 무슨 뜻인지 알 수가 없으니 부동산 문맹이라 할 수 있다. 그렇다고 어린 나이도 아닌데 일일이 묻는 것도 창피하고, 경우에 따라서는 아는 체 하면서 그냥 계약하는 경우도 있다.

그러나 이 얼마나 위험천만한 짓인가. 모르면 창피하더라도 충분히 물어 보고 확인을 해야 한다. 창피한 마음은 잠깐이지만 내 돈은 영원하다는 사실을 다시 한 번 상기하자.

〉〉 아파트의 경우

아파트, 연립주택, 다세대주택, 오피스텔, 주상복합아파트 등은 주거가 독립된 여러 세대가 같은 건물, 같은 토지 내에 살고 있는 것으로, 집합건물이라 부른다. 집합건물은 건물과 토지가 일치되는 사항만 등재되므로 건물등기부등본만 봐도 토지의 내용을 알 수 있다.

다음에 나오는 W아파트의 등기부등본을 보면 소재지는 서울시 강서구 등촌동 630-11번지 우성아파트 101동 602호이며, 대지의 총면적은 3,679㎡이다.

표제부에서 전유부분의 건물 표시를 보면, 602호는 면적이 66.90㎡이고 대지권리면적은 27.06/3,679㎡이다.

현재 소유자는 2002년 9월 19일 이 아파트를 취득한 최OO씨인데, 2006년 8월 8일에 세금미납으로 서울시 강서구청으로부터 압류가 되었다.

2005년 8월 12일에 집을 담보로 외환은행으로부터 대출을 받고 8,400만원의 저당권이 설정되었으나, 2005년 8월 12일 일부를 갚았는지 4,800만원으로 줄어있는 상태다.

이 아파트는 은행 대출금은 크지 않지만 세금 체납으로 서울시 강서구청에서 부동산을 압류했으므로 체납금액을 확인하고, 체납액이 아파트 가격 보다 터무니없이 많을 경우 거래하지 않는 것이 낫다.

※등기부등본 견본 (W아파트의 경우)

138

등기부등본(말소사항 포함) - 집합건물

서울특별시 강서구 등촌동 630-11 우성아파트 제101동 제6층 제602호

고유번호 1149-1996-113339

【 표 　 제 　 부 】　　　(1동의 건물의 표시)

표시번호	접 수	소재지번, 건물명칭 및 번호	건물내역	등기원인 및 기타사항
1 (전 1)	1992년 7월 7일	서울특별시 강서구 등촌동 630-11 우성아파트 제101동	철근콘크리트 벽식구조 슬래브지붕 14층 아파트 지층 2898.63 1층 770.24㎡ 2층 765.20㎡ 3층 759.32㎡ 4층 759.32㎡ 5층 759.32㎡ 6층 759.32㎡ 7층 759.32㎡ 8층 759.32㎡ 9층 759.32㎡ 10층 759.32㎡ 11층 759.32㎡ 12층 605.16㎡ 13층 593.64㎡ 14층 449.00㎡ 내역 : 지층-근린생활시설 대피소(223.27), 노인정(47.52) 기계,발전,가바나실(219.22) 계단실(96.08),관리사무소(36.72),주차장 (1877.42) 1-14층 : 아파트	부동산등기법 제177조의 6 제1항의 규정에 의하여 1999년 04월 27일 전산이기

(대지권의 목적인 토지의 표시)

표시번호	소재지번	지 목	면 적	등기원인 및 기타사항
1 (전 1)	서울특별시 강서구 등촌동 630-11	대	3679㎡	1992년 7월 7일
2 (전 2)				~~ㅓ 토지만에 관하여 별도등기 있음~~ ~~1992년 7월 7일~~
				부동산등기법 제177조의 6 제1항의 규정에 의하여 1번 내지 2번 등기를 1999년 04월 27일 전산이기
3				2번의1토지에 관한 별도등기 말소 2001년 8월 8일

【 표 　 제 　 부 】　　　　(전유부분의 건물의 표시)

표시번호	접 수	소재지번, 건물명칭 및 번호	건물내역	등기원인 및 기타사항
1 (전 1)	1992년 7월 7일	제6층 제602호	철근콘크리트벽식구조 66.90㎡	도면편철장 제3책제145
				부동산등기법 제177조의 6 제1항의 규정에 의하여 1999년 04월 27일 전 산이기

(대지권의 표시)

표시번호	대지권종류	대지권비율	등기원인 및 기타사항
1 (전 1)	1 소유권대지권	3679분의 27.06	1992년 5월 27일 대지권 1992년 7월 7일
			부동산등기법 제177조의 6 제1항의 규정에 의하여 1999년 04월 27일 전 산이기

【 갑 구 】				(소유권에 관한 사항)
순위번호	등기목적	접 수	등 기 원 인	권리자 및 기타사항
1 (전 2)	소유권이전	1993년 12월 21일 제120007호	1993년 11월 21일 매매	소유자 송OO 581012-1***** 서울 관악구 봉천동 100-527
				부동산등기법 제177조의 6 제1항의 규정에 의하여 1999년 04월 27일 전산이기
1-1	1번등기명의인표시 변경		2002년 9월 13일 전거	송OO의 주소 고양시 일산구 탄현동 1479 탄현마을 600-303 2002년 9월 19일 부기
2	소유권이전	2002년 9월 19일 제99080호	2002년 8월 28일 매매	소유자 최OO 550113-1***** 고양시 일산구 산향동 549-4
2-1	2번등기명의인 표시변경	2005년 8월 12일 제61886호	2004년 6월 17일 전거	최OO의 주소 파주시 교하읍 문발리 531-2
3	압류	2006년 8월 8일 제61638호	2006년 7월 28일 압류 (세무과-8601)	권리자 서울특별시강서구청

【 　을 구 　】 　　　　　　　　　　　(소유권 이외의 권리에 관한 사항)

순위번호	등기목적	접 수	등 기 원 인	권리자 및 기타사항
1 (전 4)	근저당권설정	1994년 2월 28일 제16778호	1994년 2월 28일 설정계약	채권최고액 금삼천이백오십만원정 채무자 송OO 　　서울 관악구 봉천동 100-527 근저당권자 한국주택은행　111235-0001908 　　서울 영등포구 여의도동 36-3 　　(사당북출장소)
				부동산등기법 제177조의 6 제1항의 규정에 의하여 1999년 04월 27일 전산이기
2	1번근저당권설정등 기말소	2000년 6월 22일 제40346호	2000년 6월 21일 해지	
3	근저당권설정	2005년 8월 12일 제61887호	2005년 8월 12일 설정계약	채권최고액 금84,000,000원 채무자 최OO
				인천 계양구 작전동 26-1 뉴서울아파트 201-1402 근저당권자 주식회사 한국외환은행 110111-0672538 서울 중구 을지로2가 181 (대화역지점)
3-1	3번근저당권변경	2005년 10월 12일 제76779호	2005년 10월 11일 변경계약	채권최고액 금48,000,000원

〉〉단독주택의 경우

단독주택과 다가구주택의 경우는 건물등기부등본과 토지등기부등본이 따로 구성되어 있으므로 두 가지를 모두 확인해야 한다.

표제부에는 건물의 소재지와 건물 내역을 표시하는데, 집합 건물과 다른 점은 전유부분이라는 항목이 없다는 것이다.

다음에 나오는 S주택의 등기부등본을 보면 소재지는 경기도 부천시 원미구 심곡동 345-36번지이며, 벽돌 슬라브지붕 2층 주택이고, 1층 면적은 82.32㎡, 2층 면적은 82.32㎡, 지하실 82.32㎡이고 지하실의 용도는 대피소 및 보일러실이다.

갑구는 소유권에 관한 사항을 나타내는데 이 건물의 소유자는 2001년 10월 6일 소유권을 이전받은 최○○이다. 이 등기부등본에는 을구가 없다. 을구는 소유권 이외의 사항을 표시하는 것인데, 저당권 등 문제가 될 만한 다른 내용이 없는 것으로 보인다.

토지도 표제부에는 소재지의 지번이 표시되나 건물과 동일하고, 토지의 면적이 145.1㎡로 나타나 있다.

갑구에 소유권에 관한 사항을 보면 건물과 마찬가지로 2001년 10월 6일 최○○가 소유권을 이전받아 소유자로 되어 있고, 을구에서 나타나는 소유권 이외의 사항은 다른 내용이 없어 기재되지 않았다.

그러나 을구는 마지막 장이므로 고의로 뜯어 버릴 수도 있다. 따라서 등기부등본을 확인할 때는 반드시 페이지수를 확인해야 하고, 더 좋은 방법은 본인이 직접 발급받는 것이다.

등기부등본(말소사항 포함) - 건물

경기도 부천시 원미구 심곡동 345-36

고유번호 1211-1996-067084

【 표　제　부 】		(건물의 표시)		
표시번호	접　수	소재지번, 건물명칭 및 번호	건물내역	등기원인 및 기타사항
1 (전 1)	1989년 12월 5일	경기도 부천시 중구 심곡동 345-36	벽돌조 슬래브지붕 2층 주택 1층 82.32㎡ 2층 82.32㎡ 지하 82.32㎡ (대피소 및 보일러실)	도면편철장 제4책제534면
				부동산등기법시행규칙부칙 제3조 제1 항의 규정에 의하여 1998년 05월 07 일 전산이기
2		경기도 부천시 원미구 심곡동 345-36	벽돌조 슬래브지붕 2층 주택 1층 82.32㎡ 2층 82.32㎡ 지하 82.32㎡ (대피소 및 보일러실)	2002년 7월 25일 행정구역명칭변경 으로 인하여 2002년 7월 25일 등기 도면편철장 제4책제534면

【　　갑　구　　】　　　　　　　　　　　　　　(소유권에 관한 사항)

순위번호	등기목적	접 수	등 기 원 인	권리자 및 기타사항
1 (전 2)	소유권이전	1989년 12월 5일 제106847호	1989년 11월 5일 매매	소유자 유OO 510216-1***** ~~부천시 중구 심곡동 40 101~~
				부동산등기법시행규칙부칙 제3조 제1항의 규정에 의하여 1998년 05월 07일 전산이기
1-1	1번등기명의인표시 변경		2001년 9월 28일 전거	유OO의 주소 부천시 원미구 상동 392 한아름 1511동 1702호 2001년 10월 6일 부기
2	소유권이전	2001년 10월 6일 제119477호	2001년 9월 5일 매매	소유자 최OO 450208-2****** 부천시 원미구 심곡동 345-36

등기부등본(말소사항 포함) - 토지

경기도 부천시 원미구 심곡동 345-36

고유번호 1211-1996-067084

【 표　제　부 】		(토지의 표시)			
표시번호	접 수	소재지번	지 목	면 적	등기원인 및 기타사항
1 (전 1)	1989년 3월 24일	경기도 부천시 중구 심곡동 345-36	대	145.1㎡	
					부동산등기법시행규칙부칙 제3조 제1항의 규정에 의하여 1998년 08월 04일 전산이기
2		경기도 부천시 중구 심곡동 345-36	대	145.1㎡	2002년 7월 19일 행정구역명칭변경으로 인하여 2002년 7월 19일 등기

【 갑 구 】			(소유권에 관한 사항)	
순위번호	등기목적	접 수	등 기 원 인	권리자 및 기타사항
1 (전 4)	소유권이전	1989년 12월 5일 제106847호	1989년 11월 5일 매매	소유자 유OO 510216-1***** ~~부천시 중구 심곡동 40 101~~
				부동산등기법시행규칙부칙 제3조 제1항의 규정에 의하여 1998년 08월 04일 전산이기
1-1	1번등기명의인표시 변경		2001년 9월 28일 전거	유OO의 주소 부천시 원미구 상동 392 한아름 1511동 1702호 2001년 10월 6일 부기
2	소유권이전	2001년 10월 6일 제119477호	2001년 9월 5일 매매	소유자 최OO 450208-2****** 부천시 원미구 심곡동 345-36

146

계약 직후에는 확정일자부터

계약서 작성 후 확정일자를 받고,
이사를 한 후에는 다시 동사무소에 가서 전입신고를 해야 한다.

소유자본인확인, 등기부등본확인, 등기권리증 확인을 모두 했는데 아무 이상이 없으면 계약을 하면 된다.

계약을 완료했을 때 반드시 해야 할 일이 있고, 이후 입주를 할 때에도 반드시 해야 할 일이 있다. 확정일자를 받아두는 것이다.

확정일자란 계약서가 작성된 날짜를 관공서에서 확인해주는 것이다. 동사무소나 공증인사무소로 전월세계약서를 가져가면 계약서에다 일부인(날인하는 당일 날자)을 찍어주고 그 번호를 기재해준다. 공증인사무소는 비용이 좀 비싸므로 인근 동사무소에 가서 확인을 받으면 된다.

살면서 아무 문제가 없다면 확정일자가 필요할 일은 없겠지만, 나중에 문제가 생길 때의 위력은 대단한 것이다.

주의해야 할 점은 계약서 작성 시점과 상관없이 확정일자는 신청한 날의 일부인이 날인된다는 점이다. 따라서 권리를 인정받기 위해서는 계약서 작성 즉시 확정일자를 받는 것이 안전하다.

계약서 작성 후 확정일자를 받고, 이사를 한 후에는 다시 동사무소에 가서 전입신고를 해야 한다. 전입신고도 바쁘다고 차일피일 미루다 보면 나중에 주택임대차보호법으로 보호를 받지 못해 큰 손해를 입는 경우가 생긴다.

주택임대차보호법으로 안심하자

전월세보증금을 주고 세를 얻는 사람들에게는
보증금이 재산의 중요한 부분을 차지한다.
그래서 이러한 보증금을 보호하기 위해 만든 법이 주택임대차보호법이다.

전세를 얻거나 월세를 얻을 때, 주택임대차보호법에 의해 보증금을 보호받을 수 있다. 이 법을 잘 알고 활용해야 보증금을 안전하게 보전할 수 있다는 것을 명심해야 한다.

전월세보증금을 주고 세를 얻는 사람들에게는 보증금이 재산의 중요한 부분을 차지한다. 쉽게 말해 보증금을 날릴 경우 "길거리에 나앉게 되는" 상황이 벌어지는데, 이렇게 되면 기초생활에 막대한 지장을 주기 때문에 나라에서 주택임대차보호법이라는 최소한의 방지책을 마련해 둔 것이라고 할 수 있다.

전월세를 얻을 경우 등기부등본상에 전세권이나 임차권등기를 받을 수 있는데, 이렇게 해놓으면 문제가 생겨도 보증금을 날릴 걱정은 없다. 그러나 이렇게 하려면 집주인의 동의하에 소유자의 등기권리증과 인감증명서를 받아야 한다. 그러나 현실적으로 집주인은 전세권이나 임차권설정 없이도 얼마든지 세를 놓을 수 있기 때문에 이런 번거로운 절차를 거치면서까지 세를 놓으려고 하지 않는다.

따라서 집주인의 협조 없이 임차인(세 얻은 사람)이 단독으로 조치를 할 경우, 전세권이나 임차권등기를 한 것과 같은 동일한 효과를 얻을 수 있는 보호책이 필요하고, 이런 상황에 의해 주택임대차보호법이 탄생하게 된 것이다.

〉〉 보호를 받기 위해서는…

주택임대차보호법으로 보호를 받기 위해서는 다음의 조건이 갖추어져야 한다.

- 주택의 점유 : 전월세를 얻은 집에 거주하고 있어야 한다.
- 확정일자 날인 : 전월세계약을 체결한 후 계약서상에 확정일자를 날인 받아야 한다.
- 주소 이전 : 전월세를 얻은 집에서 단순히 거주하는 것 이외에, 주민등록상으로 주소 전입을 해야 한다.

이상의 세 가지 요건을 갖추었을 경우, 전세권이나 임차권을 설정한 것과 같은 효력이 발생하게 된다. 따라서 전월세보증금을 지키려는 의지가 있다면 위의 세 가지 사항을 염두에 두고 행동해야 한다. 이렇게 해서 대항력을 갖추고 나면, 그 이후의 채권자보다 우선하는 권리가 생긴다.

실제의 예를 살펴보자.

서울 홍제동 아파트에 전세를 살고 있는 H씨의 경우

계약일	2007.11.30
입주일	2007.12.30
확정일자 받은 날	2007.12.01
주소전입일	2007.12.31
전세보증금	3,000만원

H씨는 주택임대차보호법의 세 가지 조건 중 최종 조건을 마친 2007년 12월 31일에 전세권 설정을 한 것으로 본다.

주의해야 할 것은 전입 신고를 한 날, 즉 주소전입일 다음날 새벽부터 효력이 발생한다는 점이다. 전세권 설정의 효력이 전입일 당일이냐 전입일 익일이냐를 따진다는 것은 별로 차이가 없어 보이지만, 사소해 보이는 이 반나절의 차이가 엄청난 사건을 일으킬 수도 있다.

위의 예에서 집주인이 H씨의 동의 없이 집을 은행에 담보로 제공하고 1억원의 대출을 받았다고 가정해 보자.

대출설정일이 2007년 12월 31일이라고 했을 때, 대출 설정금액은 1억 3,000만원이 된다. 실제 대출금은 1억원이지만, 은행은 원금뿐만 아니라 추후에 발생할 이자 등을 포함하여 원금의 120~130%의 금액을 설정한다.

이후 집주인이 대출을 갚지 못해서 은행에서 현재 H씨가 살고 있는 집을 경매에 넘겼을 경우, H씨의 전세보증금은 보호를 받을 수 있을까?

H씨가 주택임대차보호법의 요건을 충족시킨 날짜가 2007년 12월 31일이다. 그러나 위에서 언급했듯이, 효력이 발생하는 것은 다음날인 2008년 1월 1일이다.

은행은 2007년 12월 31일로 저당권설정을 했는데, 등기소에서의 설정은 당일로 효력이 발생하기 때문에, 결국 은행이 H씨보다 앞서서 경매대금을 받아가게 된다. H씨는 은행에서 대출금을 회수하고 남은 금액이 있을 때만 받을 수 있게 되는 것이다.

그렇다면 H씨는 결국 전세보증금을 날리게 될 것인가.

다행히도 주택임대차보호법에서는 세 가지 요건을 갖추지 못한 세입자를 위해 소액보증금 우선변제라는 제도를 두고 있다. 이는 경제적 약자인 세입자들이 전월세보증금의 일부라도 다른 채권자들보다 우선적으로 받게 하여 최소한의 기본 생활을 영위할 수 있도록 한 것이다.

소액보증금은 각 지역마다 다르게 설정되어 있어, 해당 범위 내의 보증금에 대해서만 보호를 받을 수 있다.

위에 예로 든 H씨의 경우 보증금이 3,000만원이다. 서울은 과밀억제권역이고 H씨는 4,000만원 이하의 계약이므로 보호대상이 된다. H씨는 저당권 선순위자인 은행보다 1,600만원까지는 우선적으로 받을 수 있다는 것이다. 그러면 못 받은 1,400만원은 어떻게 될까. 방법이 없다. 집주인에게 돌려받아야 하겠지만 돈이 없어서 집까지 넘어간 마당에 세입자에게 돌려줄 돈이 어디 있겠는가.

따라서 집을 얻을 때는 이러한 점을 염두에 두어야 한다. 애지중지 모은 종자돈을 사소한 부주의로 잃기 싫다면 일찍부터 주택임대차보호법을 잘 알아두는 것이 좋다.

>> 대항력 행사

대항력이란 타인이 나에게 무엇인가를 요구하더라도, 내게 무엇인가를 해주지 않으면 응하지 않을 수 있도록 법으로 정해준 권리이다.

다음의 예를 살펴보자.

서울의 아파트에 전세를 살고 있는 L씨의 경우

계약일	2007.12.19
입주일	2007.12.30
주소전입일	2007.12.31
은행저당권설정일	2008.01.15 (설정금액 1억3,000만원)
전세보증금	7,000만원

위의 계약을 보면 확정일자가 빠져 있다. 이런 경우 주택임대차보호법의 세 가지 요건 중 하나가 갖추어지지 않은 상태이므로, 전세권 설정의 효력을 얻을 수 없다.

만일 집주인이 은행에 대출금을 갚지 못하여 L씨가 살고 있는 집이 경매로 넘어가고, 어떤 사람이 경매절차를 거쳐 이 집을 샀다면 어떻게 될까. 새로운 소유자는 당연히 L씨에게 집을 비워달라고 요구할 것이다. 그러면 L씨는 보증금 한 푼 받지 못하고 쫓겨나야 하는 것일까.

다행히도 현실은 그렇지 않다. 이 경우에는 L씨의 주소전입일이 은행설정일보다 앞선다는 점이 중요하다. 은행에서 경매로 넘겼고, 그 경매를 통해 집을 산 사람은 은행의 순위를 이어받는다. 즉 L씨가 비록 확정일자는 받지 않았지만 주소전입이 은행의 저당권설정일보다 빠르기 때문에 대항력을 갖추게 된다.

세입자가 가지는 대항력의 의미를 간단히 말하면, 기존에 선순위로 저당권설정 등이 없던 집에 임대차계약을 맺으면, 그 이후에 집주인이 바뀌더라도 세입자가 새로운 집주인에게 임차권을 주장할 수 있다는 것이다.

따라서 L씨는 자신의 전세보증금을 새로운 소유자가 부담하지 않으면 집을 비우지 않을 권리가 있다.

그러나 확정일자를 받지 않았기 때문에 경매로 받은 대금에서 배당을 요구할 권리는 없다. L씨의 경우 전세보증금이 지역별 보증금의 상한선을 넘기 때문에 소액보증금 우선변제대상도 되지 않는다. 소액보증금 우선변제 제도는 보증금 상한선을 넘지 않는 계약만 보호할 뿐, 그 이상의 계약은 한 푼도 변제하지 않는다는 사실을 알아둬야 한다.

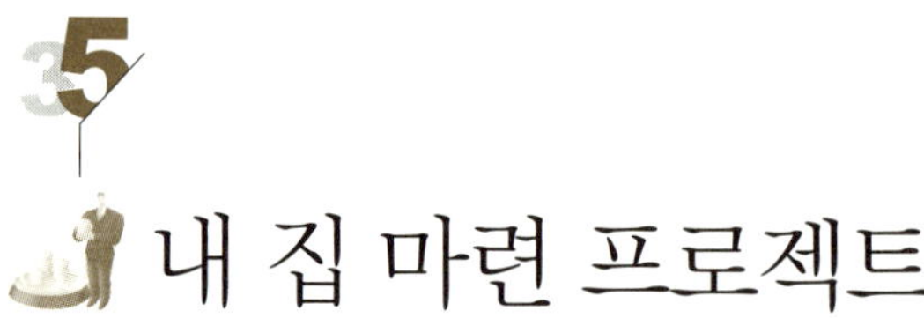내 집 마련 프로젝트

주택전세자금은 은행에서 취급하며,

은행 자체자금과 정부자금으로 지원되는 기금전세자금으로 나뉜다.

좋은 사람이 있어서 하루빨리 결혼은 해야 하는데 모아둔 돈은 적고, 신혼살림집을 구하는 게 막막한 사람들이 있다. 흔히 하는 말로 부모님 잘 만나서 목돈 지원이 가능하다면 모르겠지만, 대부분 그렇지 않은 것이 현실이다.

이럴 때는 금융 기관에서 전세 자금을 지원받을 수 있다. 처음부터 그럴듯한 아파트에 입주하여 대형 LCD TV 걸어놓고 신혼 살림을 즐기고 싶겠지만, 꼭 다 갖추고 시작하는 것이 행복을 약속하는 길은 아니다. 처음에는 조금 어

렵더라도 착실하게 모아서 목돈을 마련하여 집 평수 늘리고 살림을 장만해나
가는 것 또한 큰 의미가 있는 것이다.

대출이라면 손부터 내젓는 사람이 있다. 내 돈 모아 착실하게 살면 될 것을
은행에 빚을 져가면서 무리할 필요는 없다고 한다.

쉽게 생각해서 자기 돈이 많으면 대출받을 일이 없다고 여기기 쉽지만, 그
렇다면 큰 자본을 굴리면서 사업을 하는 사람들은 무엇 때문에 대출을 받겠는
가. 대출도 잘 이용하면 투자 수익을 확대하는 효자 노릇을 한다.

부동산이 급등해서 한동안 말이 많았으니 부동산을 예로 들어보자. 내 돈만
가지고도 25평짜리 아파트를 살 수 있지만, 대출을 받아 35평짜리 아파트를
샀다고 하자. 그 동안 대출이자는 냈을지언정, 요즘처럼 아파트값이 폭등했을
때는 이자와 부동산으로 인한 이득을 비교하는 것 자체가 의미가 없다.

물론 무리해서 산 아파트 가격이 떨어질 수도 있다. 하지만 그래도 그 동안
넓은 집에서 안락한 삶을 누렸으니, 그 정도의 비용을 낼 수 있다고 생각하면
나쁠 것도 없다. 마음 편히 먹고 기다리다 보면 그 동안의 고생을 보상받을 날
을 기대할 수도 있지 않은가.

주택전세자금은 은행에서 취급하며, 은행 자체자금과 정부자금으로 지원되
는 기금전세자금으로 나뉜다.

〉〉 은행 전세자금 대출

■ 대출 대상자

- 임차보증금의 10% 이상을 계약금으로 지불하고 주택임대차계약을 체결

한 자로, 주민등록상 부양 가족이 있는 만 20세 이상의 세대주 (부양 가족이란 주민등록등본상 등재된 부양 가족을 기준으로 산정하며, 동일세대를 이룬 배우자, 본인의 직계 존비속, 본인의 만 20세 미만의 형제자매, 배우자의 직계존속을 말한다. 따라서 만 20세가 넘으면 주민등록등본상에 부모님이나 미성년자인 형제자매, 할아버지나 할머니 등이 세대원으로 등재되어 있으면 된다.)

- 대출신청일로부터 1개월 이내에 결혼예정자로서 배우자 될 사람을 연대
  보증인으로 입보시키는 자

■대출 신청시기

임대차계약서상 입주일과 주민등록전입일 중 빠른 날짜로부터 3개월 이내

■소요자금에 대한 대출 비율

임차보증금의 70% 이내

■대출 기간

거치기간 포함 최저 1년 이상 최장 8년 이내

■제출 서류

확정일자 있는 임대차계약서 원본(사본), 전입된 주민등록등본, 근로소득원천징수영수증, 재직증명서

담보는 주택금융공사의 주택금융신용보증서를 발급받아 담보로 취득하는데, 자격 여하에 따라 보증인을 요구하는 경우가 있다.

■본인의 소득에 따른 대출보증한도

연간소득 − (부채금액 × 100%)

※ 연간 소득이 미달되는 경우 연대보증인을 세우면 대출가능액이 연소득
　×2로 늘어난다.

※ 보증인의 자격

- 연간 재산세 납부 5만원 이상 (재산세와 종합토지세를 포함하되 도시계
　획세, 교육세, 공동시설세, 농특세는 제외)
- 연간 소득금액 2,000만원 이상인 자
- 배우자나 배우자 예정자는 자격을 인정하지 않는다.
- 재산세 납부영수증, 또는 지방세 과세증명으로 납부금액 및 납부여부를
　확인하며, 미납금액 보유자는 자격을 인정하지 않는다.
- 부동산 취득 이후 과세기간이 되지 않아 본인 명의의 재산세 납부실적이
　없는 경우는 부동산등기부등본 및 전소유자의 재산세 납부영수증을 징구
　하여 확인된 물건의 건축물 재산세 및 종합토지세 합계금액을 본인명의
　재산세납부금액으로 인정할 수 있다.

■보증료 납부

연 1.0% (전세자금 대출에 대한 이자부담 외에 주택금융공사의 보증서에
대한 보증료를 보증잔액의 연 1%를 추가로 부담해야 한다.)

■대출 금리

연 7%대 (변동금리이며, 금융기관마다 약간의 차이가 있다.)

》 기금 전세자금 대출 (근로자, 서민주택전세자금 대출)

■대출 대상자

주택임대차계약을 체결하고 임차보증금을 10% 이상 지급한 근로자 및 서민으로서 다음 요건을 모두 구비한 자

- 대출대상일 현재 만 20세 이상인 세대주(단독세대주 제외) 또는 세대주로 인정된 자

- 대출신청일 현재 세대주로서 세대주를 포함한 세대원 전원이 무주택자일 것

- 최근 년도 또는 최근 1년간 소득이 3,000만원 이하인 자

■대상 주택

임차 전용면적이 85㎡ 이하인 주택

■대출 한도

- 주택금융신용보증서 담보시 6,000만원

- 개인 연대입보시 5,000만원

- 임대인(주택소유자)의 임대보증금 반환 확약서가 있을시 3,000만원

※ 단, 전세금액의 70% 이내로 한다.

■대출 기간

2년 일시상환 (2회 연장 가능 최장 6년)

■대출 금리

연 5.0%

※ 주민등록등본상 만 65세 이상 직계존속(배우자 포함)을 부양하는 세대주는 대출금리를 0.5% 인하받을 수 있다.

〉〉 영세민 전세자금 대출

■대출 대상자

- 주택임대차계약을 체결하고 임차보증금의 10% 이상을 지급한 저소득 영세민으로서, 다음 요건을 모두 구비한 자

- 해당 지자체장의 추천을 받고 임대보증금이 일정 금액(서울시 5,000만 원, 광역시 및 수도권 과밀억제권역 4,000만원, 기타지역 3,000만원) 이하인 자

- 대출신청일 현재 만 20세 이상 무주택세대주(단독세대주는 원칙적 제외) 또는 세대주로 인정되는 자

■대상 주택

임차 전용면적 85㎡이하인 주택

■대출 한도

- 주택금융신용보증서, 개인 연대 입보

- 서울시 3,500만원, 광역시 및 수도권 과밀억제권역 2,800만원, 기타 지역 2,100만원

※ 단, 전세 금액의 70%이내

■대출 금리 및 대출 기간

- 연 3.0%

- 15년 원리금균등상환, 또는 혼합방식 가능

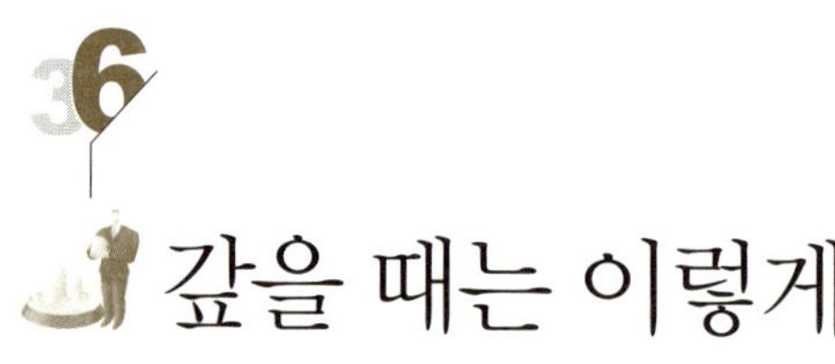

갚을 때는 이렇게

분할상환은 이자를 포함, 원금을 분할해서 매월 납입하는 방식이다.
월 부담금은 크지만 만기에 목돈을 한 번에 갚아야 하는 부담이 없으며,
대출 기간은 거치기간을 포함하여 최장 35년 이내로 한다.

금융 기관에서 대출을 받을 때는 갚을 때 어떤 식으로 할 것인가를 정해야 한다. 각 상환 방식의 특징을 정확히 알고 유리한 것을 선택하는 것이 중요하다.

>> 한 번에 갚기

일시상환은 가계대출에 주로 사용되는 방식이다. 대출 만기 전까지 이자만 불입하다가 만기가 되었을 때 일시에 원금을 상환하는 방식이다. 이 방식은

만기 전까지 이자만 내면 되기 때문에 월 부담금이 적은 장점이 있으나 만기가 되면 일시에 갚아야 하는 어려움이 있다.

현재 금융 기관은 대출 자금이 충분히 보유되어 있어 만기가 되어도 자금회수를 하지 않고 대출 기간을 연장해주는 것이 일반적이다.

신용대출의 경우 최장 1년, 개인주택자금대출(전세자금대출 제외)의 경우 최장 5년 만기이다.

〉〉 나눠서 갚기

분할상환은 이자를 포함, 원금을 분할해서 매월 납입하는 방식이다. 월 부담금은 크지만 만기에 목돈을 한 번에 갚아야 하는 부담이 없으며, 대출 기간은 거치기간을 포함하여 최장 35년 이내로 한다.

분할상환방식의 종류

- 원금균등상환

할부기간 중 일정기간마다 상환하는 할부 원금이 균등한 것이다. 이자는 원금이 줄어들면서 같이 줄어들고 원금은 동일한 금액을 납입하므로 납입금액이 약간씩 줄어든다. 월 납입금이 높게 형성된다.

- 원리금균등상환

원금을 매월 일정금액 상환하는 방식으로 상환기간에 따른 상환금액을 납입하고, 이에 따른 이자를 합해서 납입하는 방식이다. 매월 내는 월 불입금은 일정기간 동안은 같은 금액이다. 원금이 상환되면 이자가 줄어야 하나, 매월 동일한 금액을 납입하므로 줄어드는 이자만큼 매월 원금상환이 늘어나게 된다. 금리가 변동되면 새로운 원리금을 납입해야 한다.

- 고객원금지정상환

이자는 대출 잔액에 대하여 약정이율로 계산하고, 상환 원금은 대출받는 사람이 지정한 금액을 납부하며, 만기시에 잔액이 남아있는 경우 일시상환한다.

- **할부금고정상환**

원리금균등상환방식으로 정해진 금액을 금리변동과 상관없이 만기시까지 납입하고, 만기시에 잔액이 남아있는 경우 일시상환한다.

- **혼합상환**

원리금균등분할상환방식과 일시상환방식을 혼합한 방식이다. 대출금액의 50%는 만기시 일시상환으로 하고, 나머지 50%는 원리금균등분할방식으로 납입한다. 월 불입금을 줄이면서 만기시에 대출금액의 50%만큼을 일시상환할 방법이 있을 때 선택할 수 있다.

나누어 상환하는 데도 다양한 방식이 있는데, 고객원금지정 분할상환은 10년 이상의 대출인 경우, 할부금고정 분할상환은 10년 이내의 대출인 경우에 선택할 수 있다.

05 | 부동산 재테크

진정으로 부유해지고 싶다면 소유하고 있는 돈이
돈을 벌어다 줄 수 있도록 하라.
개인적으로 일해서 벌어들일 수 있는 돈은
돈이 벌어다 주는 돈에 비하면 지극히 적다.

-록펠러-

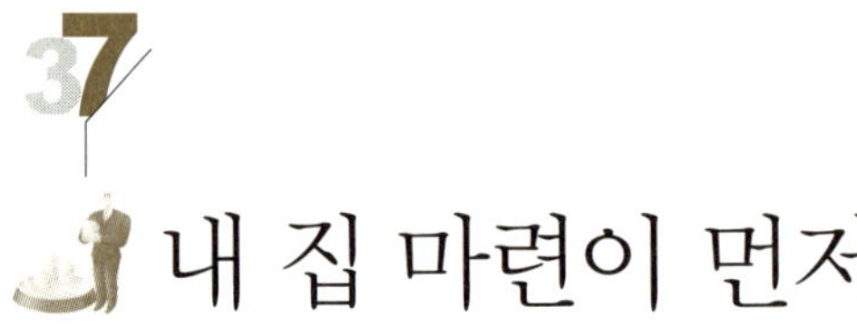

내 집 마련이 먼저

부동산 경기가 침체가 되면 매물이 많기 마련이다.

이때가 바로 집을 사야 하는 시점이다.

왜냐하면 집을 살 사람이 주도권을 가질 수 있기 때문이다.

자산 증대를 위해서는 제일 먼저 무엇을 해야 할까? 적금을 들고 펀드를 해서 5년이 지난 후 4,000만원을 모았다고 하자. 이 정도 금액이면 1단계 종자돈이라고 보기에 충분하다. 위에서 말한 것처럼 이걸 다시 저축하겠다고 생각하는 것은 재테크에 도움이 되지 않는 일인데, 그럼 이 돈으로 무엇을 해야 할까.

그리 어렵게 생각할 필요는 없다. 대학을 졸업하고 직장생활 5년차면 결혼을 생각할 나이가 됐다. 그렇다면 어디에든 집을 마련해야 한다는 이야기인데, 이 기회에 집장만에 투자하는 것을 고려해야 한다. 부동산 경기가 침체가 되면 매물이 많기 마련이다. 이때가 바로 집을 사야 하는 시점이다. 왜냐하면 집을 살 사람이 주도권을 가질 수 있기 때문이다.

무리해서 집을 사려고 마음을 먹으면 두 가지 걱정거리가 생긴다. 하나는 집값이 오르지 않거나 떨어질 것이 걱정이고, 하나는 집을 사려고 하니 자금이 턱없이 부족하다는 것이다.

첫 번째 걱정에 대한 해답. 장기적인 안목으로 봤을 때, 집값은 떨어지지 않는다.

과거 수십년 동안의 집값 추이를 보자. 1~2년 사이에는 약간씩 변동이 있지만, 20년 전에 구입한 아파트 가격이 그 시절보다 떨어지지는 않는다. 보유한 집이 투기 목적이든 실제 거주 목적이든, 집값은 결국 오르기 마련이다. 20여년 전에 불과 몇천 만원 하던 잠실 주공, 도곡 주공 아파트들이 지금은 10억원이 넘고, 불과 5년 전만 해도 3억원이 넘지 않던 목동의 아파트들이 지금은 10억원을 훌쩍 넘었다.

여기에 더해 일상 생활에서 가장 중요한 것이 주거환경인데, 일찍 집을 사서 안정적인 생활의 터전을 마련하는 것이 마음 편히 살아가는 데 도움이 될 것이다.

두 번째 걱정에 대한 해답. 집을 사는 데 굳이 서울에서만 구할 필요는 없다. 수도권을 보면 의외로 저렴한 집도 많다.

집을 사는 데 초점을 맞추고 보기 시작하면 주거 형태가 참으로 다양하다는 사실을 알 수 있다. 아파트, 연립주택, 단독주택, 다가구주택, 주상복합아파트, 다세대주택, 주거용 오피스텔 등.

주거의 편리성과 재산증식에의 기여도를 따진다면 당연히 아파트를 선택해야 한다. 향후 주거 패턴이 어떻게 변할지는 모르나, 앞으로도 오랜 기간 동안 아파트 거주문화가 대중적인 수단으로 유지될 것이기 때문이다.

아파트를 제외한 다른 주택은 집값 상승기에는 어느 정도 수요가 있겠지만, 하락기에는 가장 먼저 값이 떨어지는 불안을 안고 있다. 특히 다세대주택과 주거용 오피스텔은 시세를 한참 밑도는 수준이 아닌 이상 구입하지 않는 것이 상책이다.

요즘 새로운 주거형태로 급부상하고 있는 주상복합아파트는 특정 지역이나 지리적 공간을 상징할 수 있는 랜드마크 정도의 수준이 되면 해당 지역 아파트 가격을 상회하는 경향이 나타난다. 그러나 10~20층 정도의 주상복합아파트의 경우, 열악한 주거환경이 집값 상승의 걸림돌로 작용하기 때문에 주의해서 결정해야 한다.

각 주거 형태의 정의

아파트_ 4층 이상의 집합건물 (경우에 따라 5층 이상)

연립주택_ 3층 이하의 집합건물

단독주택_ 하나의 대지에 하나의 건물이 소유자 단독으로 거주하기 위한 용도로 지어진 것

다가구주택_ 단독주택 형식이나, 여러 세대가 생활할 수 있도록 세대별로 구분된 집

다세대주택_ 연립주택 형식이나, 통상 4층 이하로 전체 면적이 660㎡를 넘지 않도록 규정된 집

주상복합아파트_ 아파트 형식이나, 통상적으로 1~3층에 상가가 있는 형태

주거용 오피스텔_ 사무 용도인 오피스텔에 주거할 수 있도록 바닥 난방, 거실, 방 등의 시설을 갖춘 형태

집값이 떨어졌다구?

아파트를 건설하기 위해서는

기본적으로 건설회사에서 토지를 구입해야 하고,

그 위에 건축비를 들여 건물을 지어야 한다.

2005년 초, 전문가들은 집값의 하향안정세를 예측했으나, 그 예측을 뒤엎고 전국의 집값은 5.9% 올랐다.

2006년 초에도 부동산 전문기관은 하향안정세를 예측했다. 건설산업연구원, 국토연구원, 주택도시연구원, 주택산업연구원 등 대부분의 기관이 2~4%의 하락을 예측했던 것이다.

2005년도의 예측 실패에도 불구하고 왜 하향안정전망이 나온 것일까. 단순하게 말하면 부동산 거래에 대한 세금기준을 강화한 정부의 '8.31 대책'이 효과를 발휘하면서 가격 안정을 찾을 수 있을 것이라는 판단이었다.

최근 2년 집값 전망을 연달아 실패하고 예측치와 실제 변동률간의 차이가 워낙 크다 보니, 일부 기관에서는 아예 예측을 포기하려는 분위기까지 있다고 한다.

※ 엇나간 전문기관의 집값 전망

구 분	2005년 집값 예측치(%)				2006년 집값 예측치(%)			
	매매가 변동률		전세금 변동률		매매가 변동률		전세금 변동률	
	서울	전국	서울	전국	서울	전국	서울	전국
건설산업연구원	-3~-5		없음	없음	-3.9	-4.7	5.1	4.1
국토연구원	1.97	-2.5	-2	-1.5	-2	-1	4	2
주택도시연구원	-2.5~3	-3	-4~-4.5	-4	-1~-2	-2~-3	3~5	2~3
주택산업연구원	-2.8	-4.1		-3	없음	-2	없음	2
실제 집값 변동	2005년 12월 말 아파트 시세				2005년 11월 말 아파트 시세			
	9.1	5.9	6.2	5.7	19.7	11.4	10.9	6.9

내가 이런 것을 언급하는 이유는 간단하다. 세상에 믿을 것이 없다는 말이다. 부동산은 또한 통계수치대로 움직이는 것도 아니다. 2006년에 아파트 시세가 10% 정도 오른 것으로 나타나는데, 2억원짜리 집이 2억2,000만원이 되었다고 해서 폭등이라고 부르지 않는다. 그러나 내 주변에서 3억4,000만원 하던 아파트가 불과 6개월 후에 7억5,000만원이 되는 것을 실제로 보았으니, 통계수치만 가지고 이야기할 수 없는 일이다. 그러나 대한민국에서는 실제로 그런 일이 벌어지고 있고, 집을 가진 자와 못 가진 자의 경제적 격차는 평생 월급을 받아도 좁혀지지 않을 정도이다. 그러니 재테크 초보자들도 현실을 직시하고 자신의 재테크 계획을 신중하게 검토해봐야 할 것이다.

>> 아파트 값은 왜 오르나

아파트의 가격 변동에는 무수한 원인들이 있어서 한 마디로 정의하기가 어렵다. 이는 부동산 가격을 끌어내리겠다고 정부에서 내놓은 부동산 정책이 큰 효과를 거두지 못하는 것만 봐도 알 수 있다.

그래도 단순화해서 생각하면 언제나 수요·공급의 문제가 밑바탕을 이루고 있다는 점을 지적할 수 있다.

아파트를 건설하기 위해서는 기본적으로 건설회사에서 토지를 구입해야 하고, 그 위에 건축비를 들여 건물을 지어야 한다. 토지는 한정되어 있는데 집은 지어야 하니 계속 가격이 오르고, 건축비 또한 매년 인건비와 재료비 상승 등으로 오를 수밖에 없다. 그러니 토지와 건축비의 결합체인 아파트 가격도 오르게 된다.

물론 기존 아파트는 시설의 노후 등으로 감가상각을 해야 하지만, 아파트 수명은 50년 정도로 보기 때문에 인테리어만 다시 하면 내부는 새 아파트와 비교해도 크게 손색이 없다. 따라서 인근에 분양하는 새 아파트의 가격이 기존의 아파트 가격을 끌어올리는 효과를 발휘하게 된다.

이외에도 아파트를 세우는 것만도 몇 년의 시간이 걸리기 때문에 늘어나는 주택 수요를 충족시킬만한 양을 적절한 시기에 공급하기가 어렵다. 또한 대단지 아파트를 건설하기 위해서는 주택뿐만이 아니라 도로, 가스, 학교, 전기 등의 기반시설도 함께 계획되어야 하는데, 이 역시 오랜 시일이 필요한 일이다.

수요자의 입장에서 보면 부동산 시장에 투기심리가 작용하기는 하지만, 투기만으로 가격이 상승하는 것은 아니다. 사람은 어쨌든 어떤 집이든 들어가서 살아야 하기 때문이다.

앞서 주식 시장을 이야기하며 튤립 열풍의 비유를 들었다. 부동산에도 이러한 기대심리가 작용하기 때문에 기형적인 가격폭등이 이루어지기도 한다. 그러나 부동산 시장에는 언제나 상당량의 실수요자가 있다. 꽃이야 튤립 대신 다른 꽃을 봐도 되지만, 집 대신 차에서 숙식을 해결할 수는 없는 일이다.

〉〉 중대형 아파트의 폭등

최근 집값 폭등의 핵심에는 중대형평형 아파트의 가격 폭등이 있다. 현 정부는 집값 폭등을 부동산 투기라는 단순한 잣대로 해결하려 했는데, 나는 여기에 큰 실수가 있었다고 생각한다.

중대형 아파트 가격 폭등의 원인은 대부분의 부동산 전문가가 주장하는 바와 같이, 다음의 두 가지 이유로 구분할 수 있다.

첫째, 사람들은 생활의 질을 향상시키고자 보다 넓은 집에 살기를 원한다.

넓은 평수에 대한 욕심은 나이가 적고 많음을 가리지 않는다. 특히 4, 50대 연령층에 있는 사람들은 어느 정도의 경제적 여유를 누리고 있으면서 현재 30~40평형대의 아파트에 거주하고 있다.

이들은 이사를 할 때 더 넓은 집으로 이사하는 경향이 있다. 상식적으로 생각하면 자녀들이 독립할 시기이기 때문에, 도리어 집을 줄여서 가는 것이 합리적으로 보이지만 실상은 그렇지 않다. 출가한 자식들이 오거나 손님을 맞을 때 실제로 방이 필요해서 큰 평형으로 옮길 수도 있겠지만, 남의 이목을 중시하는 우리 나라 사람들의 성격상 과시용으로 큰 집을 보유하고자 하는 심리도 크게 작용한다.

특히 이 연령층의 사람들은 부동산을 가진 자와 못 가진 자 사이에 극심한 빈부 격차가 벌어지는 것을 몇 번의 경험으로 확실히 체득하고 있는 세대이기도 하다.

둘째, 나라에서 각종 세금정책, 특히 양도세와 관련된 규제를 앞세워 '1가구 1주택'의 원칙을 강요하고 있는 시점에서는 소형 아파트보다 중대형 아파트를 소유하고 있는 것이 더 이득이다.

여기에 더해 판교 아파트가 높은 가격으로 분양되자, 그 가격이 주변의 신도시는 물론 강남권의 아파트에까지 반영되었다. 한 마디로 "판교 아파트가 그 가격을 받는다면 판교보다 더 좋은 신도시와 강남권은 판교보다 훨씬 높은 가격을 받아야 한다."라는 심리가 발동한 셈이다.

〉〉 2007년 부동산 현황

2007년도는 어떠하였는가를 살펴보기로 하자.

2007년도는 정부의 부동산규제에 힘입어 부동산가격 대폭 상승은 없었으나 강한 규제에도 서울이나 전국적으로 낮은 상승율을 기록하였으나 대출규제로 인한 거래량이 감소되었다.

■개황 : 12월의 주택매매가격 종합지수는 117.0(2003.9=100)으로 전월대비 0.1% 상승

  - 대선을 전후로 관망세가 심화되면서 전월대비 상승폭이 둔화된 0.1%로

나타났으나, 재개발 투자수요로 인한 연립주택의 강세가 서울 강북지역
과 인천 등을 중심으로 지속됨

- 조사 대상지역인 전국 142개 시·군·구 가운데 가격이 상승한 지역은
  66개 지역이고 보합인 지역은 38개 지역이며 하락한 지역은 38개 지역
  으로 나타남

※ 매매가격 증감률

(단위 : 전월대비, %)

구 분	연도별 동향			최근의 월별 동향						
	04.12	05.12	06.12	6월	7월	8월	9월	10월	11월	12월
전국	−0.4	0.2	1.9	0.1	0.3	0.2	0.3	0.3	0.3	0.1
서울	−0.4	0.4	3.0	0.3	0.5	0.3	0.4	0.4	0.5	0.3

■연도별 · 월별 매매가격 증감률

- 매매가격 증감률의 장기평균 추이를 보면 12월은 보합으로 나타났으며
  올해는 0.1% 상승하여 장기평균에 근접한 모습을 보임
- 올해 12월은 전월에 비해 상승률이 다소 둔화되면서 전년동월(1.9%)에
  비해 크게 안정된 수준으로 나타남

※ 연도별 12월 매매가격 증감률

(단위 : %)

구 분	98	99	00	01	02	03	04	05	06	07	장기 평균
전국	0.3	−0.2	−0.6	0.8	0.2	−0.8	−0.4	0.2	1.9	0.1	0.0
서울	1.4	0.2	−0.7	1.4	0.1	−0.7	−0.4	0.4	3.0	0.3	0.1

※ 월별 매매가격 증감률

※ 월별 매매가격 증감률

(단위 : %, 전국 기준)

구 분	1월	2월	3월	4월	5월	6월	7월	8월	9월	10월	11월	12월
장기 평균	0.4	0.8	0.6	0.5	0.1	0.0	0.1	0.4	0.6	0.2	0.0	0.0
최근 1년	0.9	0.4	0.2	0.1	0.0	0.1	0.3	0.2	0.3	0.3	0.3	0.1

■주택 규모별 매매가격 동향

- 주택 규모별로는 대형과 중형이 보합, 소형이 0.3% 상승한 것으로 나타나 실수요가 꾸준하게 형성되는 소형의 강세가 연간 지속된 것으로 나타남
- 아파트의 경우에는 세제 부담 등으로 수요가 감소한 대형 아파트가 0.2% 하락한 반면, 중형이 보합, 소형이 0.2% 상승하여 대형아파트의 하락세가 올해 3월 이후 지속된 것으로 나타남

※ 주택규모별 매매가격 증감률

(단위 : %)

구 분		최근의 월별 동향(전월비)								전년말비 (06.12 대비)	전년동월 (06.12 대비)
		07.5월	6월	7월	8월	9월	10월	11월	12월		
종합	대형	0.0	0.0	0.2	0.1	0.1	0.1	0.0	0.0	1.2	1.2
	중형	−0.1	0.1	0.2	0.1	0.2	0.1	0.1	0.0	2.1	2.1
	소형	0.1	0.3	0.4	0.3	0.4	0.4	0.5	0.3	5.0	5.0
아파트	대형	−0.2	−0.2	0.1	−0.1	−0.1	−0.2	−0.1	−0.2	−0.3	−0.3
	중형	−0.1	0.0	0.1	0.1	0.1	0.1	0.1	0.0	1.5	1.5
	소형	0.0	0.1	0.3	0.3	0.3	0.4	0.4	0.2	4.0	4.0

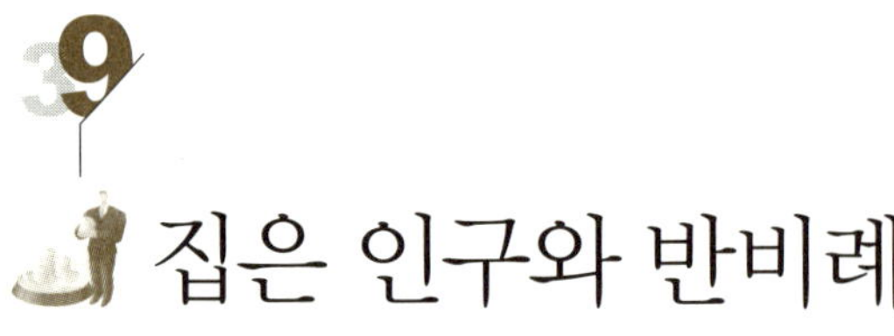

집은 인구와 반비례

인구는 줄어드는데 주택 수요는 왜 줄지 않는 것일까.
나는 그 원인을 핵가족화와 낮은 금리에서 찾는다.

요즘 대학에 학생 수가 부족하다고 한다. 대학이 많아서인지 학생 수가 줄어서인지, 갈수록 대학 입학정원보다 고등학교 졸업생 수가 적어진다고 한다. 그러면 입학 정원을 채우지 못하는 학교가 늘어날 것이고, 경쟁력이 없는 학교는 문을 닫게 될 일이다.

산부인과는 줄어든 출산율 때문에 문을 닫고 다른 과로 바꾸는 경우가 많다고 한다. 정부에서는 출산율을 높이기 위해 아이를 낳으면 보조금을 준다는 등 실효를 거두지 못할 정책들만 내놓고 있다.

이런 예를 놓고 보면 출산율 저하가 집값에도 큰 영향을 미치게 될 것 같다. 장기적으로 인구가 줄어드는 것인데, 그러면 결국 아파트 수요도 줄고, 그렇게 되면 아파트 가격도 떨어질 것 같다는 생각을 하게 된다.

그런데 가까운 예를 놓고 보자. 우리보다 먼저 출산율이 떨어지기 시작한 미국이나 일본의 주택 마련이 옛날보다 쉬워졌다는 이야기는 들은 바가 없다.

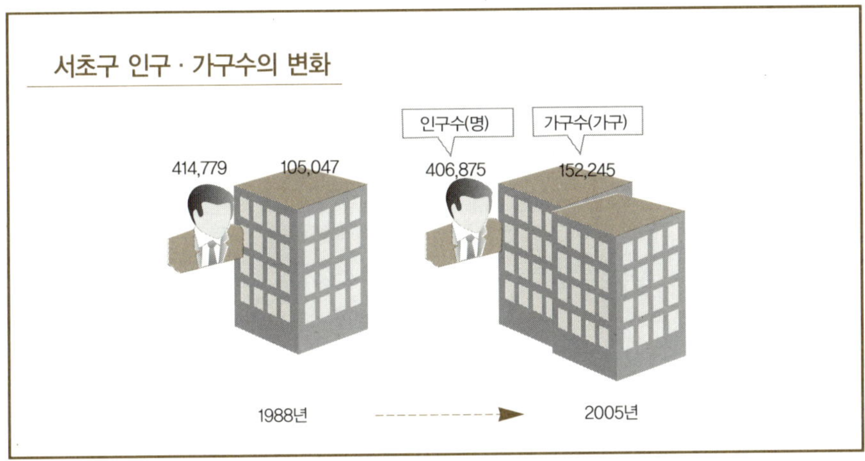

인구는 줄어드는데 주택 수요는 왜 줄지 않는 것일까. 나는 그 원인을 핵가족화와 낮은 금리에서 찾는다.

예로부터 우리 나라는 삼대가 한 집에서 생활을 해왔다. 사극만 봐도 딸은 출가해서 시댁으로 들어가고, 아들은 부모님과 함께 거주하는 형태이다. 그러나 지금은 아들이고 딸이고 결혼과 함께 집을 마련해 분가를 하는 것을 당연하게 생각하고 있다. 결혼하기 전부터 혼자 몸으로 전월세를 얻어 독신 생활을 하는 사람도 많다.

옛날에는 할아버지, 할머니, 아버지, 어머니, 고모, 삼촌 등 식구가 10명이라도 집 하나에서 사는 것이 가능했으나, 이제는 2~3명 단위로 집이 필요하니 출산율은 떨어져도 경제적 여유만 갖춰지면 주택 수요는 계속 늘어나는 것이다.

특히 목돈을 가지고 있는 사람들은 은행의 예금 이자가 낮으니 돈을 은행에 맡기기보다 집을 사서 월세를 받는 편이 더 나은 수익을 얻을 수 있다. 여기에 더해 집을 사두면 장기적으로 집값이 올랐을 때 시세차익까지 얻을 수 있으니, 임대수익과 시세차익이라는 두 마리 토끼를 동시에 잡을 수 있는 셈이다. 게다가 요즘은 임대사업자가 주택을 5채 이상 소유하는 것이 유행하고 있다고 하고, 이 또한 주택 수요를 발생시키는 원인이 된다.

2006년 12월 28일의 경제신문 기사를 보자.

인구 줄면 집값 하락?… KDI "천만의 말씀"

저출산으로 인구 감소가 본격화되면서 장기적으로는 아파트 가격이 하락할 것이란 게 일반적인 견해다.

그런데 이러한 통념을 뒤집는 KDI 연구결과가 곧 발표된다.

인구는 2018년 4934만명을 정점으로 감소하지만 나홀로 가정이 늘면서 주택수요 단위가 되는 가구 수는 지속적으로 증가할 것이란 게 주내용이다.

KDI 관계자는 "갈수록 결혼을 기피하는 사람이 늘면서 독신가정과 이혼가정이 늘고, 노부부가 자식들과 함께 살지 않으려는 경향이 강해지면서 인구는 감소하지만 가구 수는 지속적으로 증가할 것으로 예상된다"며 "가구 수 증가에 따라 주택 수요는 더욱 늘어날 것"이라고 설명했다.

인구 감소에 따른 주택 수요 감소로 아파트 가격 하락이 발생하기는 어려울 것이란 전망이다.

이는 지난 통계로도 증명된다. 통계청에 따르면 2000년 1439만가구에서 2005년 말 1598만

가구로 11.1% 증가했다. 반면 이 기간에 총인구는 4590만명에서 4820만명으로 5% 증가하는 데 그쳤다. 가구 수 증가율이 인구 증가율을 두 배나 상회한 것이다.

이 같은 가구 수 증가는 1인 가구 급증 때문이었다. 2000년 222만가구에 불과했던 1인 가구는 2005년 317만가구로 42.5%나 증가했다. 5가구 중 1가구는 1인 가구인 셈이다. 가구 수가 늘면 저마다 살 집이 필요해 주택 수요는 늘게 된다.

한 주택시장 전문가는 "인구 증가율이 0.5% 밑으로 처지면 주택수요 감소가 유발되는 것이 사실이지만 연 2~3%에 달하는 가구 수 증가율이 이를 벌충하고도 남는 수준에 이르고 있어 주택수요 증가가 예상된다"고 설명했다.

KDI 관계자도 "1인당 가구 수 증가와 가구 구성원 수 감소는 주택소비를 늘린다"고 지적했다. 가구 수 증가는 강남권이 더 가파르다. 1988년 강남구에서 분구한 서초구는 1988년 41만 4779명이었던 인구가 지난해 말 40만6875명으로 7904명 감소했다. 하지만 가구 수는 가파르게 증가했다. 10만5047가구에서 15만2245가구로 무려 45%나 늘었다.

88년 당시 하루 12명이었던 신생아 출생이 9.6명으로 20%가량 줄어든 반면 이혼이 하루 0.4명에서 2.7명으로 늘어나는 등 독신가정이 증가했고 교육 수요에 따른 전입이 크게 늘었기 때문이다.

주택시장 전문가는 "수도권 주택보급률이 낮은 상황에서 강남권 가구 수가 계속 증가하면서 투자수요와 맞물려 주택수요 증가세가 지속될 것"이라고 설명했다.

KDI는 독신가정이 늘어도 중대형 평형 아파트에 대한 수요는 견조하게 증가할 것으로 예상했다.

독신가정이 늘면서 주택 선호도가 중대형에서 중소형으로 옮겨갈 것이란 게 일반적인 견해지만 생활수준이 나아지면서 보다 큰 집을 선호하는 경향이 늘 것으로 전망되기 때문이다.

KDI 관계자는 "1인 혹은 2인만 살더라도 보다 좋은 집에 대한 선호도는 그치지 않을 것"이라며 "여기에는 새 아파트 고급화와 건설사 이미지 광고가 한몫한다"고 설명했다.

사정이 이러하니 대출을 받아서라도 집을 사서 은행에 적금을 넣는다는 생각으로 이자를 내도 할 말이 없는 것이다. 어느 날 갑자기 아파트 가격이 올라 허리띠 졸라매고 20여년을 저금해야 만져볼 수 있는 돈이 굴러들어온다는데 어느 누가 주택 구입을 등한시할 수 있겠는가.

그러나 월급쟁이가 한 번에 5~6억을 호가하는 아파트를 살 수는 없는 일이다. 좋은 집 구입을 위해서는 종자돈을 가지고 마련한 집값이 올라서 이 집을 팔고, 또 그 동안 모은 돈에 은행 융자를 더해 좀 더 큰 아파트를 살 수 있게 되는 것이다.

이와 같은 여러 가지 이유로, 재테크 새내기들에게 나는 항상 종자돈 마련의 중요성을 강조하고, 또 그 종자돈을 집 사는 데 이용하라고 권하는 것이다.

이 집은 왜 오를까?

사람들은 누구나 주위에 대규모 공원이 세워지면 생활이 편해지겠다고 생각하고,
집값이 오를 것이라는 예측도 하기 쉽다.
생각만으로는 재테크에 성공할 수 없다. 바로 실천에 옮기도록 하자.

친구와 똑같은 돈을 주고 각각 집을 샀는데 친구 집은 오르고 내 집은 오르지 않는다면 얼마나 속이 상할까?

이러한 경우가 생기지 않도록 가격이 오를 수 있는 집을 사는 안목을 키워야 한다.

내가 처음으로 직장 생활을 시작할 당시, 회사에서 전세자금을 지원해주었다. 회사에서 지원해주는 자금을 받는 데 한 가지 조건이 필요했는데, 집을 얻으면서 반드시 저당권 설정을 하라는 것이다.

며칠을 돌아다니며 발품을 팔고 집을 구했는데, 계약을 할 때 집주인에게 저당권 설정을 해달라고 하니 고개를 젓는다. 애써서 구한 집을 얻지 못하니 화는 났지만 그래도 참고 다른 곳을 알아보았는데, 저당권 설정 이야기가 나오면 집주인들이 하나같이 그렇게까지 할 생각이 없다고 거절하는 것이다.

그러다가 어느 허름한 연립주택에 발길이 닿았는데, 집주인이 전세금이나 집값이나 별 차이가 없으니 아예 사라고 하는 것이 아닌가. 주택 매매에 대해 아는 것 하나 없었지만, 전셋집을 구하다가 지쳐 약간의 대출을 받고 얼떨결에 집주인이 됐다.

전세금이 400만원인데 집값이 450만원이라는 황당한 가격이었지만, 그래도 내 집을 샀다는 것에 뿌듯한 마음이 들었다. 그런데 그것도 잠시, 싼 게 비지떡이라더니 옛날 집이라 단열이 부실해 겨울에는 누워 있으면 콧잔등이 시리고 여름에는 앉아만 있어도 땀이 줄줄 나는 것이다. 그렇다고 물러달라고 할 수도 없는 노릇이니 2년 정도 참아가며 고쳐가며 살았다.

결국 인내가 한계에 달해 차라리 전세를 살더라도 편히 살아야겠다고 생각하게 되었다. 마음먹은 김에 집을 내놓았는데 자그마치 1,000만원에 집이 팔렸다. 당시 월급이 30만원 정도였던 것으로 기억되는데, 2년 만에 앉아서 2년에 해당하는 월급을 번 셈이 되었다.

그 때의 경험은 내가 부동산이 재테크의 꽃이라고 생각하게 만든 계기가 되었다. 내 경우는 사회초년생 시절에 어쩌다 보니 소 뒷걸음질에 쥐 잡듯 이익을 챙겼지만, 사실 이렇게 마구잡이로 집을 사는 것은 위험천만한 일이다. 그 때의 내게 최소한의 지식이라도 있었다면 더 좋은 결과를 얻을 수 있었을 것이다.

요즘처럼 재테크 정보가 많은 시대에 사는 젊은이들은 그때의 나보다 훨씬 좋은 위치에서 시작할 수 있다. 여기에 더해 향후 가격이 오를 집을 알아볼 눈을 갖춘다면 금상첨화가 아니겠는가.

가격이 오르는 지역에서는 변화의 조짐이 새어나오고 있다. 아무 변화가 없는 곳이라면 지역 전체의 집값이 올라야 같이 오른다는 말인데, 이런 곳의 집을 고르는 것은 현명한 선택이 아니다.

〉〉 지하철 노선이 신설되는 곳

현재 지하철이 다니지 않는 곳에 새로운 노선이 생기는 것은 매우 중요한 변화이다. 내 경험에 의하면 새로운 노선이 생겼을 때 그 일대는 세 번의 가격 변동이 일어난다.

① 지하철 노선 신설 발표가 있을 때

② 공사가 시작되어 땅을 파기 시작할 때

③ 노선이 개통되어 실제로 운행될 때

그러면 어느 시점에서 집을 사야 할 것인가. 사정에 따라 다르겠지만 꿋꿋이 거주할 목적이라면 노선 발표 즉시 구입하면 된다. 이렇게 하면 교통 면에서 불편을 겪게 되겠지만 노선이 개통될 때까지의 가격 이득을 전부 얻을 수 있다.

세 가지 경우 중 가장 변동이 많은 시점은 개통하여 이용할 수 있을 때이다. 이 시기에는 교통의 편리성이 가장 현실적으로 부각되기 때문인데, 단기간 안에 이득을 얻기 위해서는 어느 시점이든 실제 개통 이전에만 구입이 이루어지도록 하면 된다.

그리고 가급적이면 신설되는 역사 근처의 아파트를 구입해야 한다. 직장인이라면 당연히 걸어서 지하철을 이용할 수 있는지 여부가 집 선택의 기준이 되기 때문이다.

집에서 전철역까지의 거리가 걸어서 10분 이내이거나 500m 반경 내라면 당연히 집값은 올라간다.

게다가 환승역이라면 집값은 더욱 상승한다. 특히 중소형 아파트라면 대중교통을 많이 이용하므로 이에 주의하여 집을 골라야 한다.

>> 인근의 아파트 분양을 주시하라

신규 분양이 이루어지는 곳이 있으면 그 지역의 기존 주택 가격에 약간의 변화를 불러온다. 신규 분양 아파트는 기존 아파트에 비해 분양가가 비싸기 때문에 이로 인해 기존의 아파트 가격도 오를 수 있는 여지가 있기 때문이다.

판교의 분양가가 높아 그 옆의 분당이나 평촌 등의 신도시 아파트 가격이 따라 올라간 예가 이런 경우이다. 다만 정부의 분양가 규제 방침에 따라 다소 변동이 될 여지가 있으므로 부동산 정책에 주의를 기울여야 한다.

>> 공원이나 편의시설이 들어서는가

아파트 단지 주변에 예술회관이나 대형할인매장, 백화점, 멀티플렉스 영화관 등이 있으면 가격이 상승한다.

성수동 뚝섬에 서울숲 계획이 발표되었을 때, 발표 직후에는 가격 변동이 없었으나 개발이 진행되어 모양을 갖추기 시작하자 아파트 가격이 가파른 상승세를 탔다.

사람들은 누구나 주위에 대규모 공원이 세워지면 생활이 편해지겠다고 생각하고, 집값이 오를 것이라는 예측도 하기 쉽다. 그러나 그 생각을 즉시 행동으로 나타내는 사람은 많지 않은 법이다. 생각만으로는 재테크에 성공할 수 없다. 바로 실천에 옮기도록 하자.

>> 재개발, 재건축의 냄새를 맡아라

기존의 주택가의 노후가 심해지면 일부 지역을 정해서 기존 주택을 헐고 새 집을 짓는다. 이럴 때 대개의 경우 아파트가 새로 들어서게 되는데, 이를 재개발이라 하여 큰 가격 변동이 발생하게 된다.

흔히 뉴타운이나 주택 재개발지역이라는 말이 여기에 속하는데, 거래 가격에 재개발 이후 신규 아파트를 분양받을 때 발생할 기대수익까지 포함되어 높은 가격대를 형성하게 된다.

재개발이 특정 지역을 포함하는 데 비해, 기존의 주택을 헐고 그 자리에 새로운 주택을 짓는 것을 재건축이라고 한다. 재건축 또한 재개발과 비슷한 효과를 일으킨다. 건설 후 20여년이 지난 강남 주공아파트 13평짜리가 10억원이 넘어가 부동산이 사회문제로 부각된 것도 이러한 요인 때문인 것이다.

오래된 건물은 생활하기에 다소 불편할지는 모른다. 특히 재개발·재건축 대상인 경우 낙후된 건물에 비싼 돈을 주고 들어가 살아야 하기 때문에 손해

를 보는 기분이 들기 쉽다. 그래도 평생 저축해도 모으지 못할 돈을 만들 기회
를 잡는다고 마음을 먹으면 한결 편하게 지낼 수 있지 않을까.

강북뉴타운으로 가자

뉴타운 정책은 서울 도심권의 노후 부동산 문제를 해결하기 위한 것이다.
서울처럼 사람은 많고 땅이 부족한 상태에서는
쾌적한 주거환경을 만들기가 어렵다.

그 동안 부동산 가격을 안정시키기 위한 대책이 많이 나왔다. 10.29, 8.31, 9.4, 5.23, 3.30, 1.11 등, 발표 날짜가 정책 이름처럼 되어버린 무수한 부동산 대책들이 발표되었지만 그 실효성 여부는 여전히 미지수 상태로 남아 있다.

뉴타운 정책은 서울 도심권의 노후 부동산 문제를 해결하기 위한 것이다. 서울처럼 사람은 많고 땅이 부족한 상태에서는 쾌적한 주거환경을 만들기가 어렵다. 뉴타운 사업을 추진하면 주택 재건축이 수반되는데, 오래된 건물을 헐고 재건축을 하면 양질의 주택 공급이 가능해지니 주거환경의 개선 효과를 기대할 수 있다. 정부도 서울시가 추진하고 있는 뉴타운 사업의 필요성을 인식하고 특별법을 통해 지원을 하기 시작했다.

뉴타운 정책에 강북 구도심지 개발이라는 새로운 방법의 시행이 활성화되면서 이 지역이 유망한 투자처로 부상되고 있다. 각종 제도나 법규가 부동산 투기를 막기 위해 시행되고 있지만, 이를 반대로 생각하면 무주택자나 실수요자들이 집을 마련하는 데는 오히려 긍정적으로 작용하고 있다고 봐야 한다.

1차 시범뉴타운 3곳과 2,3차를 포함, 25개 지역이 서울시 뉴타운으로 지정되어 있다. 이중 세운, 신길, 장위 뉴타운이 도시재정비촉진지구의 시범지구로 지정되어 있고, 17개 지역이 뉴타운과 함께 도시재정비촉진지구로 지정되어 있다.

뉴타운 지역이 서울시의 지원을 약속받은 것이라면 도시재정비촉진지구는

※ 올해 뉴타운 분양 예정 물량

지역	단지	건설사	총 가구수	주택형 (m²)	일반 분양	분양 시기
동대문구	전농 · 답십리뉴타운	한신공영	141	82~145	51	2월
동작구	흑석뉴타운 흑석5구역	동부건설	663	82~145	183	6월
서대문구	기재울뉴타운	GS건설, 현대산업개발, SK건설	4,047	59~218	1,806	하반기
영등포구	신길뉴타운5구역	GS건설	198	84~145	108	1월
양천구	신월뉴타운	롯데건설	783	79~145	32	12월
		우림건설	472	미정	472	12월
마포구	아현뉴타운 아현3구역	대우건설, 삼성물산	3,300	59~244	300	8월
	아현뉴타운 공덕5구역	삼성물산	794	79~141	31	11월
성동구	왕십리 1구역	삼성물산, 대림산업 GS건설, 현대산업개발	1,702	83~179	570	미정

서울시 및 중앙정부의 지원까지 받을 수 있는 것으로 보아야 한다.

이 지역들은 토지거래허가 등 각종 규제가 있으나 강북 구도심에 건설될 양질의 주택에 대해 일반인들도 관심을 기울여야 할 때다. 집값이 안정된다고 하는 정부의 발표가 있었으나, 그 동안의 부동산 가격 추이를 보면 집값이라

※ 2008년 수도권 분양 유망단지

	위치	건설사	가구수 (일반분양)	주택형 (m²)	분양 시기
서울	용산구 신계동(신계재개발구역)	대림산업	867(289)	79~185	5월
	용산구 한강로2가(국제빌딩 제3구역)	동부건설	128(31)	155~241	10월
	용산구 효창동(효창3구역재개발)	대우건설	302(161)	76~145	3월
	성동구 성수동1가	한화건설	230(230)	231~376	미정
	성동구 성수동1가	대림산업	196(196)	330	미정
	은평구 은평뉴타운2지구	SH공사	5134(3562)	112~214	하반기
경기	김포시 양촌지구 AC-14블록	우남건설	1220(1220)	129~162	5월
	수원시 광교신도시 A-21블록	울트라건설	1188(1188)	113,149	10월
	수원시 권선동	대림산업, GS건설	1754(416)	79~224	3월
	용인시 영덕동 흥덕지구 2-3블록	현대건설	570(570)	115,119	1월
	성남시 판교동 판교지구 A20-2블록	신구건설, 대우건설	948(948)	123~336	2월
	용인시 성복동	GS건설	500(500)	121~197	2월
	용인시 성복동	고려개발	476(476)	113~159	1월
	용인시 성복동	고려개발	838(838)	131~320	1월
	용인시 신봉동	GS건설	299(299)	110-197	2월
인천	용인시 신봉도시개발사업지구2,3,4블록	동일하이빌	1462(1462)	119~224	1월
	서구 경서동 정라지구A-15블록	광명주택	264(264)	109	2월
	서구 경서동 정라지구 20블록	호반건설	630(630)	109~112	상반기
	서구 경서동 정라지구 A2블록	서해종합건설	370(370)	100	3월
	서구 경서동 정라지구 A23블록	우정건설	264(264)	112	2월
	서구 경서동 정라지구 A18블록	호반건설,영우건설	1051(1051)	79	상반기
	서구 경서동 정라지구 A14블록	호반건설	745(745)	111~112	1월
	연수구 송도동	코오롱건설	236(197)	171~191	하반기

는 것이 정부의 의지대로 조절되지 않는다는 것을 알 수 있고, 결국 뉴타운은 앞으로 투자처로 각광을 받을 수밖에 없다.

이러한 사정은 서울을 제외한 다른 지역도 마찬가지이다. 물론 대지 여건이 좋아 신도시가 들어서는 지역은 뉴타운의 효과가 덜 나타날 수도 있다. 그러나 대도시의 구도심권 개발 필요성이 대두되고, 이들 지역이 뉴타운으로 지정된다면 역시 매력적인 투자처로 부상하여 종자돈을 운용할 대상으로 적합한 조건을 갖추게 된다.

지금도 수도권에서는 유행처럼 뉴타운 계획이 발표되고 있다. 돈이 되지 않던 다세대주택들도 뉴타운으로 발표만 되면 대지지분 가격이 평당 1,000~2,000만원으로 뛰어 오르고 부동산 경매 시장에 매물이 나오기 무섭게 낙찰되어 팔려 나가는 것을 알 수 있다.

이러한 추세는 결국 전국적으로 나타날 것이라는 예상이 든다. 부동산 투자자나 주식 투자자나 해당 시장의 커다란 흐름을 예측하고 따라가려 하므로, 추후 변화가 예상되는 곳에 투자하는 움직임을 보이기 때문이다.

재개발, 재건축이 뭐지?

재개발이나 재건축을 할 경우 대지지분이 많은 것이 유리하다.
새로운 건물을 지으려면 기존 건물의 면적도 평가되지만,
어차피 기존 건물을 헐고 새로 지을 것이니 대지의 평가가
더 큰 비중을 차지하게 되는 것이다.

재개발·재건축 아파트에 투자할 때는 아파트가 생길 지역이나 기존 아파트의 노후 정도를 고려해야 하지만, 한 가지 중요한 변수가 있다. 대지지분이라는 것이다.

여러 사람이 공동으로 소유하고 있는 아파트나 연립 등의 주택은 대지를 분할하여 소유할 수 없기 때문에 공동으로 소유하는 것이 된다.

공동주택의 경우 평소에는 대지지분이 큰 의미를 갖지 않는다. 동일한 토지 위에 건물을 올려 공동으로 사용하고 있기 때문에 선을 그어서 땅을 나눌 수

※ 등기부등본 견본 A

인천광역시 남동구 간석동 893-1 우성아파트 제6동 제1층 제103호

고유번호 1247-1996-079895

		(대지권의 목적인 토지의 표시)		
표시번호	소재지번	지 목	면 적	등기원인 및 기타사항
1 (전 2)	인천광역시 남동구 간석동 893-1	대	44281.8㎡	1990년 12월 10일
				부동산등기법시행규칙부칙 제3조제1항의 규정에 의하여 1998년 05월 29일 전산이기

【 표　제　부 】　(전유부분의 건물의 표시)

표시번호	접 수	소재지번, 건물명칭 및 번호	건물내역	등기원인 및 기타사항
1 (전 1)	1990년 7월 28일	제1층 제103호	철근콘크리트조 79.94㎡도	도면편칠장 제8책제2664장
				부동산등기법시행규칙부칙 제3조제1항의 규정에 의하여 1998년 05월 29일 전산이기

(대지권의 표시)

표시번호	대지권종류	대지권비율	등기원인 및 기타사항
1 (전 1)	1 소유권대지권	34000분의 38.554㎡	1990년 7월 13일 대지권 1990년 7월 28일
			부동산등기법시행규칙부칙제3조제1항의 규정에 의하여 1998년 05월 29일 전산이기

※ 등기부등본 견본 B

인천광역시 남동구 간석동 893-1 우성아파트 제6동 제1층 제103호

고유번호 1247-1996-079895

(대지권의 목적인 토지의 표시)

표시번호	소재지번	지 목	면 적	등기원인 및 기타사항
1 (전 2)	인천광역시 남동구 간석동 893-1	대	44281.8㎡	1990년 12월 10일
				부동산등기법시행규칙부칙 제3조제1항의 규정에 의하여 1998년 05월 29일 전산이기

【　표　　제　　부　】　　(전유부분의 건물의 표시)

표시번호	접 수	소재지번, 건물명칭 및 번호	건물내역	등기원인 및 기타사항
1 (전 1)	1990년 7월 28일	제1층 제103호	철근콘크리트조 79.94㎡도	도면편칠장 제8책제2664장
				부동산등기법시행규칙부칙 제3조제1항의 규정에 의하여 1998년 05월 29일 전산이기

(대지권의 표시)

표시번호	대지권종류	대지권비율	등기원인 및 기타사항
1 (전 1)	1 소유권대지권	80000분의 38.554㎡	1990년 7월 13일 대지권 1990년 7월 28일
			부동산등기법시행규칙부칙제3조제1항의 규정에 의하여 1998년 05월 29일 전산이기

도 없고, 실제 사용하고 있는 것은 건물 부분이지 땅이 아니기 때문이다.

그러나 재개발이나 재건축을 할 경우에는 이야기가 달라진다. 이럴 때는 대지지분이 많은 것이 유리하다. 새로운 건물을 지으려면 기존 건물의 면적도 평가되지만, 어차피 기존 건물을 헐고 새로 지을 것이니 대지의 평가가 더 큰 비중을 차지하게 되는 것이다.

따라서 재개발·재건축 아파트를 살 경우에는 반드시 등기부등본을 통해 대지지분을 확인해야 한다.

그런데 여기서도 주의해야 할 점이 있다. 총대지면적과 지분권리가 다르게 되어 있는 경우이다.

등기부등본 견본 A에 해당하는 아파트의 총 면적은 44,281.8㎡이며, 대지권의 비율은 38.554㎡/34000이다.

그런데 여기서 권리면적을 단순히 38.554㎡로 보면 안된다. 왜냐하면 38.554㎡는 총면적이 34.000㎡일 때의 면적이기 때문이다. 따라서 총면적이 44.281.8㎡일 때는 얼마인가를 환산하여 대지지분을 계산해야 한다.

이 예를 가지고 다시 계산해 보면, [44,281.8 × (38.554/34,000)], 즉 50.21㎡가 나온다. 따라서 이 아파트의 대지지분은 50.21㎡가 되는 것이다.

다른 경우를 보자.

등기부등본 견본 B에 해당하는 아파트의 총 면적은 44,281.8㎡이며, 대지권 비율은 80,000분의 38.554㎡이다.

여기서도 권리면적을 단순히 38.554㎡로 보면 안된다. 38.554㎡는 총 면적이 80.000㎡일 때의 면적이므로, 총 면적이 44.281.8㎡일 때는 얼마가 되는지 다시 계산해야 한다.

다시 계산해보면 [44,281.8 × (38.554/80,000)], 즉 21.34㎡가 나온다. 따라서 이 아파트의 대지지분은 21.34㎡가 되는 것이다.

A의 예처럼 대지지분이 늘어나면 좋겠지만, B의 경우처럼 대지지분이 줄어 드는 것을 파악하지 못하면 낭패를 보게 된다는 점을 주의하자.

땅 투자 해? 말어?

토지 시장은 비교적 안정화될 전망이라는 예측이 우세하기 때문에
재테크에 적당한 투자 대상은 아니다.

수도권 근교에서 농사를 짓는 아버지 밑에서 일을 거들던 친구가 있었다. 그런데 나이가 들어 동창회에서 다시 만나니 이 친구가 수십 억 자산을 보유한 갑부가 되어 있는 모습을 보면 어떨까.

이런 상황은 현실에서도 종종 만나게 된다.

시골에서 같은 초등학교를 다니던 P씨와 J씨의 예를 들어보자.

P씨는 어렸을 때부터 공부를 잘 해서 부모님이 소 팔고 땅 팔아 서울에 있는 대학을 보냈다. P씨는 성실하게 공부하여 대학을 졸업, 우리 사회의 평범

한 직장인이 되었다. 이에 비해 J씨는 공부도 못 하고 요령도 없어 학교에서 문제아 취급을 받았다. 결국 제대로 된 직장 한 번 다니지 못한 채 아버지 밑에서 농사를 돕고 살았다.

시간이 흘러 초등학교 동창회에서 다시 만나게 된 P씨와 J씨. 그런데 학창 시절 말썽만 부리고 다녔던 J씨가 수십 억을 보유한 갑부가 되어 거들먹거리고 있는 것이 아닌가.

알고 보니 J씨가 부자가 된 원인은 땅에 있었다. 농사를 짓고 살던 땅의 가격이 계속 오르면서 J씨에게 엄청난 부를 안겨준 것이다.

이런 예를 보면 토지가 최고의 재테크 수단처럼 보이기도 한다. 아파트에 투자하려면 어느 정도의 자금력이 갖춰져야 하지만, 토지는 이에 비하면 얼마나 헐값인가.

그러나 한 가지 짚고 넘어가야 할 것은, '시간'이라는 것이다. J씨의 땅은 J씨가 산 것이 아니다. J씨의 아버지가 농사를 짓던 땅이고, 혹은 할아버지 때부터 갖고 있던 땅일 수도 있다. 그러면 수십 억 자산 마련을 위해 수십 년의 시간을 기다려야 한다는 말이 된다. 그러나 월급쟁이 신세에 땅에 돈을 묻어놓고 수십 년을 기다릴만한 여유가 있을 리 없지 않은가.

토지는 선뜻 달려들기에는 참으로 어려운 부동산이다. P씨와 J씨의 예와 같이 회전기간이 길 뿐 아니라, 거래에 따르는 규제가 많다.

단기 투자를 목적으로 토지를 산다고 가정하면, 신도시가 예상되는 주변 지역은 높은 투자수익이 예상된다. 그러나 해당 지역에 투기 세력이 몰릴 우려가 있으므로 건교부에서는 해당 지역에 대하여 5년 이내의 기간을 정해 거래를 규제하는 토지거래허가구역으로 지정한다. 특히 땅을 사놓고 그곳에 살고 있지 않은 경우 양도소득세가 중과되는 등, 각종 규제를 받게 된다.

이와 같이 '땅투기'에는 정부가 나서서 철저한 단속을 하기 때문에 단기 투자수익을 기대하기가 어렵다.

이 외에도 토지는 대출을 받거나 전세금을 받을 수 있는 수익성 물건이 아니기 때문에, 토지 구입에 드는 자금 전액을 투자자가 마련해야 한다는 제약이 있다.

주택이나 상가에 투자할 경우 전세를 놓고 일부는 대출을 받아 구입자금을 충당할 수 있고, 월세를 통해 대출 이자를 내면서 유지하는 것이 가능하다. 그러나 토지는 구입 자금 전액을 투자자가 부담해야 하는 조건 때문에라도 직장인의 투자 대상으로 삼기에는 무리가 따르는 것이다.

그리고 토지 시장은 비교적 안정화될 전망이라는 예측이 우세하기 때문에 재테크에 적당한 투자 대상은 아니다.

굳이 토지에 투자하기를 원한다면 개발 예정이 있는 지역을 선택해야 한다. 그러나 처음부터 욕심을 부리지 말고, 거주지와 가까운 곳에 텃밭을 가꾸는 셈 치고 사두면 된다. 주말에 소일삼아 채소를 가꾸는 재미를 보다가 나중에 개발이 되어 값이 오르면 천천히 다시 생각해본다는 마음으로 토지를 대하는 것이 좋다.

아파트 구입 자금을 어떻게 마련하지?

총 보유자금이 1억3,000만원이면 주택자금 대출을
7,000만원 정도 받아서 2억원의 자금을 손에 쥘 수 있다.
2억원이면 수원, 인천, 등 수도권과 강북 변두리에
25평 정도 되는 아파트를 구입할 수 있다.

올해 32세의 직장인 Y씨는 곧 결혼을 앞두고 있다. 그는 직장 생활을 하며 착실하게 모은 현금 5,000만원을 보유하고 있고, 주택 마련조로 부모님께 6,000만원을 지원받기로 했다. 이 정도면 서울 시내의 아파트에서 전세를 살 수준이 되나, Y씨는 조금 더 욕심을 내서 아예 내집 마련 계획에 들어갔다.

Y씨는 부인 될 사람과 의논하여 처음에는 고생을 하더라도 집을 먼저 사는 것으로 결정하고, 예비신부로부터 추가 자금 2,000만원을 확보했다. 그래서

손에 쥔 돈은 총 1억3,000만원.

총 보유자금이 1억3,000만원이면 주택자금 대출을 7,000만원 정도 받아서 2억원의 자금을 손에 쥘 수 있다. 2억원이면 수원, 인천, 등 수도권과 강북 변두리에 25평 정도 되는 아파트를 구입할 수 있다.

물론 직장과 너무 멀리 떨어져 있으면 불편하겠지만, 대략 지하철로 1시간에서 1시간 20분 정도의 출퇴근 거리는 감수할 각오를 해야 한다. 그리고 이상에서 설명한 각종 조건을 염두에 두고 향후에 아파트 가격이 오를만한 지역을 선정하는 것이 중요하다.

대출 7,000만원에 대한 이자는 최근 금리로 월 35만원 정도이다. 집을 사지 않고 서울에서 전셋집을 마련해도 1억은 보증금으로 묶어놓아야 하는데, 1억에 대한 예금 이자도 비슷한 수준이다. 따라서 이 경우 집을 사면서 대출이자를 지불하더라도 추가 부담이 없는 것으로 생각해야 한다.

집 사기 전에 이것만은 꼭!

출근을 하는 사람의 경우 집과 직장과의 거리도 생각하고
도로 상태나 지하철역이나 버스와 같은 대중 교통편을 생각해봐야 한다.

앞에서와 같이 자금을 마련하여 차후에 집값 상승 요인이 있다고 판단되는 지역을 선정했다고 하면, 해당 지역의 부동산 중개업자를 찾아가게 될 것이다.

부동산 중개업소, 소위 복덕방에서는 여러 집을 보여주며 계약을 유도한다.

좋은 집을 먼저 보여주고 허름한 집을 보여주어 좀 더 비싼 집을 계약하도록 하는가 하면, 집주인에게 말하면 값을 조정해줄 것이라고 설명하고 처음부터 보유자금보다 좀 더 비싼 집을 보여주기도 한다. 물론 이럴 경우 집주인이 알아서 값을 내려주는 경우는 드물기 때문에 무리해서 계약을 하게 되기도 한다.

주택을 사기 위한 매매 계약도 앞에서 설명한 전월세 계약과 유사하다. 그러나 그보다 더 큰 돈이 걸려 있고, 차후 투자 가능성까지 고려해야 하기 때문에 한층 신중하게 결정해야 한다.

〉〉혼자 다녀라

부동산 업자를 따라서 차로 이동했을 경우에는 못 보고 지나치는 것들이 많고, 주변을 천천히 둘러볼 여유도 없다. 따라서 차후에라도 반드시 혼자 걸어가면서 주위 상황을 파악해야 한다.

특히 가족의 입장을 고려해야 한다. 출근을 하는 사람의 경우 집과 직장과의 거리도 생각하고 도로 상태나 지하철역이나 버스와 같은 대중 교통편을 생각해봐야 한다. 그리고 할인 매장이나 재래 시장이 있는지도 살펴보아야 한다. 그리고 의료시설이 가까운 곳에 있는 지도 알아보아야 하고 학교까지의 거리, 주변의 혐오시설 여부나 공원 등도 반드시 체크해보아야 한다. 그리고 모델 하우스만 가보고 계약해서는 절대로 안된다. 모델 하우스는 사람들의 이목을 끌기 위해 최고로 예쁘게 꾸민 곳이므로 참고만 해야 한다. 반드시 현장에 가서 눈으로 직접 확인하는 것이 좋다.

〉〉동, 호수 정하기

아파트의 경우 특별한 경우를 제외하고는 남향으로 자리 잡고 있는 것이 다른 방향으로 지어진 아파트보다 더 비싸다. 상식적으로 남향이 햇볕이 가장 잘 들고 통풍도 잘 되기 때문인데, 예로부터 주택에서 남향집을 선호한 것과 마찬가지 이치이다.

몇 층에 위치하고 있는지도 중요하다. 흔히 '로얄층'이라고 하는 것인데, 이것도 시대에 따라 달라진다.

15층짜리 아파트의 경우 예전에는 5~10층 정도를 로얄층으로 생각했으나, 지금은 10~13층 정도를 선호하는 사람들이 늘어 해당 층의 값이 올랐다. 최상층을 선호하는 경우도 있다.

아파트들이 갈수록 고층화되어 30층, 40층이 넘는 아파트가 늘어나고 있는데, 이런 아파트를 구입하려는 사람들의 공통적인 사항은 고층을 선호한다는 것이다. 베란다 앞이 탁 트여 전망이 좋기 때문이다.

전망에 더해 '조망권'이라는 것도 작용한다. 한강조망권, 바다조망권, 남산조망권, 공원조망권 등이 뜻하는 바는, 해당 아파트의 해당 층에서 얼마나 좋은 풍경을 볼 수 있는지를 따지는 것이다. 하다못해 같은 동의 아파트라 해도 한강이 보이는 곳은 한강이 보이지 않는 곳에 비해 가격이 높게 형성된다.

그러면 집을 사는 입장에서는 한 가지 의문이 들 것이다. 이 아파트가 더 넓은 것도 아니고 구조가 더 편하게 되어 있는 것도 아닌데, 단순히 베란다에서 보이는 풍경이 무엇이냐에 따라 더 비싼 값을 주고 집을 사야 할 필요가 있느냐는 점이다.

내게 묻는다면 그래도 더 비싼 집을 사라고 할 것이다.

예를 들어 같은 동의 아파트 중에 하나는 조망이 나빠서 4억원이고 하나는 조망이 좋아서 5억이라고 하자. 이 경우 아파트 가격이 올라 4억원짜리 아파트가 4억5,000만원이 됐다면, 5억원짜리 아파트는 6억원으로 오르게 된다. 같은 아파트라도 가격이 다른 것은 다 그만한 값어치를 하기 때문이다.

 집 살 때 반드시 확인하자

부동산 매매계약은 계약일과 잔금지급일 사이에 시차가 있기 마련이다.
매수인은 계약금과 중도금을 지불했지만 잔금을 지급하기 전까지는
그 집에 대한 권리를 행사할 수 없다.

10여년 전에 수원에서 근무할 때 있었던 일이다. 수원에 단독주택이 밀집된 지역이 있었는데, 이 지역은 수원시에서 토지를 매입하여 은행에서 대출을 받아 지은 집들이다. 지은 지 4~5년이 지난 집들이 대부분이고, 그 동안 집주인도 여러 차례 바뀌었다.

그런데 어느 날 갑자기 수원시에서 이 집의 소유자들과 이 집을 담보로 대출을 해준 은행에게 공문 한 통을 보냈다. 수원시에서는 토지를 매매한 사실이 없으니 집주인의 소유권을 다시 가져가겠다는 통보와 함께, 은행 또한 무

연고 토지에 설정을 하고 대출을 해준 것이니 저당권 설정을 말소하라는 내용
이었다.

은행도 은행이지만 집주인들이 난리가 났다. 몇 년 동안 아무 이상 없이 살
아왔던 집인데 갑자기 시에서 땅을 가져가겠다고 하니 앉아서 가만히 당하고
있을 사람이 어디 있겠는가. 사람들이 단체로 시청에 몰려가 시위를 하자 시
에서도 이상하게 여겨 조사를 시작했는데, 그 결과 시청 공무원이 직인을 도
용하여 토지 매매계약을 하고 그 대금을 착복한 것으로 밝혀졌다.

그러나 경위가 어떻게 되었든 불법으로 팔아넘긴 것이라 집주인은 소유권
을 잃고 은행은 저당권을 잃게 되었다. 등기부등본상으로는 소유권이 정상적
으로 넘어왔지만, 그 이전의 매매 자체가 무효화되었기 때문에 그 이후의 거
래도 모두 무효가 되는 것이다.

이 사건은 시에서 민원해소 차원으로 접근하여 토지를 싸게 재매각해주는
것으로 결론이 났다. 이 경우는 많은 사람들이 피해를 입었기 때문에 인도적
인 차원에서 구제를 해준 셈이지만, 개인 사이에 이런 일이 벌어지면 알토란
같은 주택자금을 모조리 잃어버릴 수도 있다.

〉〉 등기만 믿어서는 안된다

대부분의 사람들은 국가에서 발급하는 등기부등본상에 소유자로 되어 있으
니 문제될 것이 없다고 생각하지만, 등기상에 소유자로 표시되어 있어도
100% 신뢰할 수 없는 것이 현실이다.

만약 무자격자가 등기상에 기재되어 있어 그 사람과 매매계약을 체결했다

고 하자. 그런데 실제 소유자가 나타나 계약무효를 주장하면 매매계약 자체가 무효가 된다. 이미 지불한 매매대금은 무자격자에게 청구해야 하는데, 그 사람에게 대금을 반환할 능력이 없으면 돌려받을 길이 없어진다.

따라서 매매계약을 할 때는 항상 조심에 조심을 거듭해야 한다. 매매할 때의 주의사항은 전월세를 계약할 때와 큰 차이가 없으나, 전월세 계약에 비해 거액이 움직이는 만큼 한층 더 주의를 기울이라는 것이다.

〉〉 집은 하나, 산 사람은 두 명

집주인이 한 채의 집을 두 사람에게 팔 수 있는 것을 보면 부동산 거래는 맹점이 많은 것 같다.

이런 경우를 이중매매라고 하는데, 한 사람에게 매매계약을 하고 그 집을 다시 다른 사람에게 매매하는 것을 말한다.

부동산 매매계약은 계약일과 잔금지급일 사이에 시차가 있기 마련이다. 매수인은 계약금과 중도금을 지불했지만 잔금을 지급하기 전까지는 그 집에 대한 권리를 행사할 수 없다.

이 시기에 집을 판 사람이 다른 사람에게도 똑같이 계약금과 중도금을 받고 도주하면 집 한 채에 권리자라고 주장하는 사람이 두 명이 된다. 물론 사기를 친 집주인에게 죄를 묻게 되겠지만 이것은 나중 일이고, 집을 산 사람은 당장 금전적인 피해를 입게 된다.

이중매매가 일어났을 경우 먼저 등기를 받은 사람이 권리자로 인정되므로, 서둘러 매도인을 찾아 등기이전을 받도록 해야 한다. 만일 상대방에게 이미

등기이전을 해주었을 경우에는 직접 소유권이전등기 말소신청을 하지 못하게 되고 매도인을 내세워서 해야 하는데, 이렇게 해도 먼저 등기를 받은 사람에게 대항하기가 어렵게 된다.

이중매매가 자주 일어나는 일은 아니다. 그러나 집주인이 자칫 나쁜 마음을 먹어서 이중매매를 실행한다고 해도 이를 방지하기 위한 수단이 없다.

따라서 집을 살 때는 이중매매의 가능성도 염두에 두고 있어야 한다. 잔금을 치르는 기간을 가급적 빨리 당긴다거나, 아니면 중도금을 주지 말고 잔금을 치르는 것과 동시에 등기이전을 서두르는 것이 현재로서는 이중매매를 방지하는 최선책인 것이다.

아무것도 모를 때는 부동산 중개업소에서 시키는 대로만 하면 문제가 없다고 생각하기 쉽다. 그런데 아는 게 병이라고, 관련 제도에 대해 조금이라도 알게 되면 이와 같은 걱정이 줄을 잇는다.

그래도 아무것도 모르는 상태로 자금 손실의 위험을 대면하느니, 하나라도 더 알아서 미리미리 대비하는 것이 낫지 않겠는가.

이사할 때도 재테크 정신으로!

경우에 따라서는 집도 자주 옮겨 다녀야 자산이 늘어나는 것이다.
그리고 이사를 하면서 내부 인테리어에 관심을 가지는 것도
돈을 절약하는 데 도움이 된다.

요즘은 이사를 할 때 이삿짐센터에 연락만 하면 알아서 짐을 싸주고 내려서 정리까지 해준다. 이사 몇 주 전부터 박스며 비닐을 구해서 바리바리 짐을 싸던 시절에 비하면 정말 편해진 것이지만, 그래도 삶의 터전을 옮긴다는 것이 쉬운 일은 아닌지라 이사를 하는 사람들은 스트레스를 많이 받는 것 같다.

하지만 2,30대의 젊은 사람들이 벌써부터 한 집에 뿌리를 내리고 편하게 살 생각을 하면 안된다. 경우에 따라서는 집도 자주 옮겨 다녀야 자산이 늘어나

는 것이다.

내 주변에 소위 '집장사'를 하는 아버지를 둔 친구가 있었다. 이 친구를 보면 한 해에 한 번 이상은 이사를 한다. 그것도 먼 곳으로 가는 게 아니라 한 동네에서 집만 옮겨 다니는 정도이다.

사정을 알고 보니 그 친구의 아버지가 자금이 부족한 상태에서 집을 지어 팔다 보니 그렇게 생활하게 되었다고 한다. 새로 집을 지으면 집이 팔릴 때까지 그 집에서 살다가, 그 집이 팔리면 셋집으로 이사를 한다. 그리고 집을 판 돈으로 다시 새 집을 짓고, 다 지어지면 전세를 빼서 새로 지은 집에 들어가서 사는 식이다.

그 때 이사를 자주 다녀 고생은 했지만, 덕분에 돈을 벌어 지금은 다소 안정된 건축업을 하고 계신다.

그리고 이사를 하면서 내부 인테리어에 관심을 가지는 것도 돈을 절약하는 데 도움이 된다.

대개의 경우 집을 사서 이사를 하면 입주하기 전에 내부를 수리하는 경우가 많다. 이 때 제대로 인테리어를 하려면 집의 크기와 관계없이 2,500~3,000만원 정도의 비용이 들게 되는데, 인테리어 업자가 하자는 것을 다 할 필요는 없다. 아파트의 경우 기본적으로 도배, 장판, 싱크대 정도만 새로 하면 깨끗해지기 때문이다.

물론 페인트가 벗겨졌다거나 얼룩이 묻어 지저분해진 곳은 세척액으로 닦아내야 하는데, 이런 것을 직접 해보면 집에 대한 애착도 생기고 비용도 절감된다. 귀찮고 시간도 없고 하는 방법도 모르니까 전문가에게 맡기는 사람이 많은데, 무슨 일이든 처음 하는 게 어렵지 한두 번 하면 경험이 생겨 잘 할 수 있게 된다.

또 이렇게 경험을 쌓으면 훗날 집을 팔고 이사를 가면서도 약간의 돈으로 좋은 효과를 볼 수 있게 된다. 살면서 낡고 바랜 벽지나 장판, 싱크대 정도만 깨끗하게 해놓으면 집거래도 빨리 되고 하다못해 단돈 몇백 만원이라도 비싸게 받을 수 있지 않겠는가.

그리고 혹여 처음 하는 일이라 영 자신이 없다면 벽지나 장판 등을 도매상을 통해 미리 사놓자. 이렇게 하여 시공해주는 사람의 인건비만 지불하는 형식으로 일을 처리하면, 동네 장판업체에 모든 것을 의지하는 것보다 훨씬 싼 값으로 깨끗한 집을 만들 수 있다.

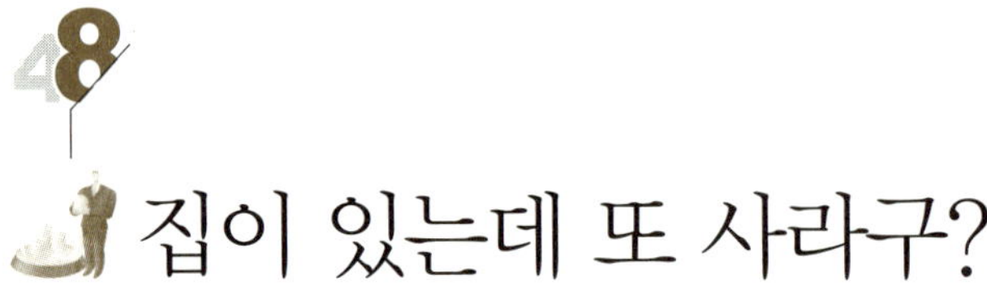

집이 있는데 또 사라구?

부동산에서의 양도소득세는 집을 샀을 때의
가격과 팔 때의 가격의 차익에 부과되는 세금이다.
1억원에 집을 사서 1억3,000만원에 팔았다면,
그 차익인 3,000만원에 대해 세금을 부과하는 것이다.

이사할 때도 재테크를 생각하라는 말을 하니 한 곳에 오래 사는 것이 재산 증식에 더 도움이 되지 않겠느냐고 반문할 사람이 있을 것 같다. 하다못해 이사를 하는 데 드는 돈도 만만치 않은 금액이 아닌가.

게다가 강남의 주공·시영 아파트를 비롯한 5층짜리 아파트를 소유한 사람들을 보면, 참으로 은근과 끈기의 소유자라는 생각이 들면서 존경스럽기까지 하다. 물론 최초 취득자들에게 해당되는 말이다. 그 당시 난방은 연탄아궁이, 연탄보일러 등에 평수도 20평을 넘지 못했다. 부부가 아이를 낳아 조금만 자라도 더 넓은 곳으로 이사를 하는 것이 일반적인데, 이런 흐름에도 불구하고 계속 소유하고 있다는 것 자체가 대단한 일이다.

그러나 이 같은 경우는 특수한 상황이라고 봐야 하고, 20~30년 후를 내다보고 참고 기다리는 것은 아무나 할 수 있는 일이 아니다.

따라서 젊은 사람들은 아는 범위 내에서 최선을 다해 보는 것이 필요하다. 가격 변화를 잘 판단해서 제때 이사를 하는 것이 필요하다는 소리다.

앞서 처음 집을 살 때 변화의 조짐이 있는 곳을 선택하라고 했는데, 그렇게 집을 사서 이사를 했다면 실제로 몇 년 안에 가격 변동을 겪었을 것이다. 그러면 투자효율이 극대화된 것으로 봐야 한다. 그리고 이 시기와 맞물려 양도소득세가 면제되는 시점인 '3년 보유 2년 거주' 요건이 채워진다.

부동산에서의 양도소득세는 집을 샀을 때의 가격과 팔 때의 가격의 차익에 부과되는 세금이다. 1억원에 집을 사서 1억3,000만원에 팔았다면, 그 차익인 3,000만원에 대해 세금을 부과하는 것이다. 그러나 그 집을 3년 동안 보유하고, 그 집에서 2년 이상 살았을 경우에는 양도세를 납부하지 않는다.

따라서 이 시기에 집을 팔고 다시 변화가 생기리라고 예상되는 지역으로 이사를 하면, 이사를 통한 부의 축적이 이루어지는 것이다. 그리고 해당 시기에 성공적으로 이사를 하기 위해서는 항상 부동산에 관심을 갖고 성장할 곳을 물색해 놓는 준비성이 필요하다.

나는 집을 살 때 가능하면 두 채를 사도록 권한다. 이렇게 말하면 많은 사람들이 "부동산 투기꾼도 아니고 왜 집을 두 채나 갖고 있어야 하나?"라고 반문할 것이다. 그러나 집을 하나 가지고 있는 상황에서 어느 정도 여유자금이 있다면 무엇을 할 것인가. 예금 금리도 낮은 상황에서는 은행에 돈을 맡기고 이자를 받는 것보다 작은 집을 사서 월세를 받는 것이 낫다는 말이다.

이렇게 말하면 양도세 문제를 거론할 사람들이 있을 것이다. 양도세란 살 때와 비교해 팔 때 오른 만큼의 금액에 세금을 부과하는 것이다. 양도세를 내야 한다면 집값이 처음 샀을 때보다 올랐다는 뜻이다. 양도세를 걱정해야 하는 것은 행복한 상황이 아닐 수 없다. 그조차 피해 가고 싶다면 부모님이나 형제들 중 무주택자인 사람 명의로 집을 구입하면 되는 일이다.

내가 굳이 두 채를 사라고 권하는 이유는 여유자금을 마련할 수 있는 여지를 남기기 위해서이다. 무리해서 집을 장만했는데, 그 집이 오르면 마음은 부자가 된 것처럼 느껴지겠지만 그 돈을 당장 현금화시킬 수는 없다. 그리고 그 집을 팔아서 다른 곳으로 이사를 가려 해도 주변의 집값이 모두 올랐으니 뾰족한 방도가 없다. 이럴 때 급하게 자금이 필요해 집을 내놓을 일이라도 생기면 상대가 터무니없이 싼 가격을 불러도 선택의 여지가 없게 되는 것이다.

이럴 때 하나는 거주할 집으로 삼고, 여기에 더해 여유자금으로 좋은 지역에 작은 아파트를 하나 더 사 놓았다면 상황이 달라진다. 긴급자금이 필요할 때 작은 아파트를 팔면 손해의 여지가 적고, 무엇보다도 다른 좋은 투자처가 생겼을 때 신속하게 자금 투입이 가능해진다.

〉〉 투기냐 투자냐

이렇게까지 부동산에 대해 언급을 하면 내가 마치 부동산 투기를 조장하는 것처럼 보여 지탄을 받을 수도 있다.

그러면 자기 집을 한 채만 가지고 있어야 투자이고, 두 채 이상 가지고 있으면 투기인 것일까?

그리고 국민 모두가 자기가 실제로 거주할 집만 보유하고 있다면, 집을 살 만한 돈이 없는 사람들은 어디서 살아야 할까?

정부에서 나서서 전 국민에게 1가구 1주택을 값싸게 공급할 수 없다면, 자금의 여유가 있는 사람이 집을 여러 채 사서 전월세로 임대를 주는 것도 서민의 주거 안정에 기여하는 일이 된다.

저축을 하고 주식을 하는 사람들을 보자.

저축을 하면서 은행 이율을 따지지 않고 "내 돈이 산업자금으로 쓰이니 얼마나 좋은가? 이 나라 경제를 위해 돈을 버는 대로 저축을 해야지."라고 생각하고 저축하는 사람이 있을까. 만에 하나 이런 생각을 하고 저축을 하는 사람이 있다고 해도, 은행에서 그 돈을 누구에게 대출해줄지는 알 수 없는 일이다.

주식을 사면서 "경제의 발전을 위해 기업에 투자하여 자금을 지원해야겠다."라고 생각하고 주식에 투자하는 사람이 있겠는가? 투자자들은 오직 이 주식을 사두면 가격이 올라서 내게 이득을 가져다줄 것 같다는 생각으로 주식을 사는 것이다.

그런데 유독 부동산에서 투자와 투기를 분별하는 것이 무슨 의미가 있겠는가. 집을 두 채 이상 갖는 것이 그렇게 추궁을 당해야 할 문제라면 법으로 두 채 이상 갖지 못하도록 규제하면 될 일이다.

10여년 전에 어느 대학의 여교수가 집을 40~50채 가지고 있다는 사실이 드러나 부동산 투기꾼이라고 지탄을 받은 적이 있다. 그 여교수의 말을 들어

보면, 목돈이 생기면 은행에 저축을 하는 대신 집을 샀다고 한다.

그 교수가 법대로 재산세와 양도소득세 등을 성실하게 납부했다면 비난받아야 할 이유가 없다.

만일 그 집을 지금까지 가지고 있다면 한 100억 정도 되지 않을까. 평생 월급을 받아 모은다 해도 만져보지 못할 액수다. 이 사람이 목돈이 생길 때마다 은행에 저축을 했다면 그 정도의 자산을 얻을 수 있었을지 의문이다.

〉〉 대한민국엔 영웅이 없다

대한민국에서 가장 존경받는 사람은 누구일까.

존경하는 사람으로 자수성가한 경제인을 꼽으면 사람들은 정부를 등을 업고 노동자를 착취해서 돈을 벌었다고 비난한다. 고급 외제차가 지나가면 석유도 나지 않는 나라에서 돈자랑하느라 폼을 잡고 다닌다고 비난하고, 대한민국 최고 권력자 자리에 몸을 담았던 대통령들은 퇴임 이후에 갖은 비난에 시달린다. 하다못해 "5대를 이어 내려오는 만두명문 최가네"라는 만두집 간판을 보면서 대단하다고 인정하기보다 자식들이 변변치 못하니 여태 만두나 만들고 있다고 꼬투리를 잡는다. 오죽하면 "사촌이 땅을 사면 배가 아프다"는 말이 당연하게 받아들여질까.

외국 생활을 해보지 않아서 섣불리 말할 수는 없지만, 외국에서는 생활 속에서 작더라도 모범적인 일을 하면 영웅처럼 떠받들어준다고 한다. 이런 모습을 보고 자란 아이들이라면 나이가 들어 더욱 모범적인 일을 하려고 노력하게 되지 않을까.

남이 하는 일을 깎아 내린다고 해서 자신에게 좋은 일이 생기는 것도 아니다. 부동산도 마찬가지다. 남들이 부동산으로 돈을 벌었다고 하면 졸부라느니 운이 좋았다느니 하면서 트집을 잡지만, 스스로의 모습은 어떠한가. "내가 하면 로맨스요, 남이 하면 불륜"이라는 말이 있듯이, 부동산으로 돈 번 사람을 비난하다가도 자기가 살고 있는 아파트 가격이 오르면 언제 그랬냐는 듯 좋아한다.

결국 우리 나라에서는 부동산이든 주식이든 조용히 투자하는 것이 상책이다. 공연히 남들에게 알려져서 좋을 것이 없기 때문이다.

주식을 하는 사람들도 한때 주식꾼이라고 불렀다. 경마하는 사람을 경마꾼, 도박하는 사람을 도박꾼이라 하듯, 주식 투자자도 그와 비슷하게 생각한 것이다. 이런 단어에서 주식이 투자가 아니라 투기라 생각했던 당시의 분위기를 읽을 수 있다.

사회적 분위기는 시간이 가면서 변하는 것이다. 나는 부동산도 언젠가는 정당한 투자로 인정받을 때가 오리라고 생각한다. 지금도 부동산 펀드라고 하여 투자자의 자금을 모아 부동산을 구입하고 그 이익을 배당하는 상품이 있다. 그렇다면 여기에 투자한 사람들도 부동산 투기자일까?

〉〉 2,900만원을 10억으로

전세금 2,900만원을 10년만에 10억원으로 늘린 주부가 화제가 됐었다. 그 사람이 운영하는 인터넷 동호회에는 그 비법을 전수받으려는 사람들이 1만여 명이나 모였다니, 가사를 돌보며 재테크를 하려는 주부들이 많기는 한 모양이다.

그런데 그녀가 한 재테크란 결국은 부동산이었다.

그녀도 처음에는 종자돈 마련을 강조했던 것 같다. 내가 주장하는 바와 같이 저축을 위한 저축이 아닌 투자를 위한 종자돈을 마련하는 데 주력한 셈이다. 그리고 그 이후에 부동산에 투자하고, 마지막에는 부동산 경매까지 영역을 넓혀가며 자산을 불린 것이다.

물론 그 기사를 보고 인터넷 댓글에 올라 있는 내용을 보면 "결국 부동산 아니면 안된다는 이야기로군", "앞으로 재테크 운운하며 부동산을 들먹이지 마시오", "전형적인 부동산 투기꾼이군", "이 여자처럼 살면 나라 망한다" 등 부정적인 견해를 보이는 네티즌이 많았다.

그러나 이런 것들은 생각하기 나름이 아닐까. 내가 이런 이야기를 언급하는 이유는, 일반적으로 재테크라고 하는 것이 얼마나 한정된 범위인가를 말하고 싶어서이다. 그리고 그 한정된 범위 가운데 가장 큰 비중을 부동산이 차지하고 있다는 것이다.

투기인지 투자인지를 가리는 것이 중요한 것이 아니다. 똑같이 공평하게 소유하지 못하는 것이 현실이고, 부동산에 대한 사람들의 관심은 국경이나 인종을 가리지 않는다. 투기와 투자의 차이점은 누가 하느냐에 달려 있다. 내가 부동산을 사서 돈을 벌면 투자고, 남이 부동산을 사서 돈을 벌면 투기라고 말하는 심리.

내가 볼 때 그녀의 재테크는 과감하고 현명한 것이다. 그러니 그녀를 비난하는 네티즌이 있는가 하면, 그 노하우를 전수받기 위해 노력하는 사람도 있는 것이 아닌가.

상가 투자는 이렇게

상가는 실물경기와 밀접한 관련이 있는 수익형 부동산이다.
경기의 좋고 나쁨에 따라 변화가 심하다는 뜻이다.

상가는 부동산 가격 상승에 따른 이득과 함께 안정적인 임대 수입을 얻을 수 있다는 장점이 있다. 그러나 상가 투자는 주택에 비해 그만큼 위험성도 높다는 것을 알아야 한다.

상가는 실물경기와 밀접한 관련이 있는 수익형 부동산이다. 경기의 좋고 나쁨에 따라 변화가 심하다는 뜻이다.

상식적으로 생각해보자. 경기가 활성화되어 매출이 늘어나면 창업에 뛰어드는 사람이 늘어난다. 창업을 하려면 점포가 있어야 하므로 임대 수요가 늘어나 빈 상가가 줄어든다. 좋은 곳에 위치한 도심의 상가나 신흥 택지개발지구의 상가일 경우는 서로 먼저 자리를 잡으려고 경쟁하므로 가격이 올라간다.

그러나 현재 상가의 여건은 썩 좋지 않은 상태이다. 경기도 좋아질 기미가 보이지 않고, 분양가는 높은데 공급은 많아서 공실이 늘고 임대료도 낮아져 있다.

투자경험이 없는 사람들은 신문 전면광고에 번듯한 건물이 등장하는 상가 광고를 보며 관심을 갖기 마련이다. 광고에는 "연 OO% 보장, 지급보증서 제공, 책임임대" 등의 문구를 써가며 요란하게 홍보를 하고 있는데, 상가 투자에 있어서는 순간적인 판단 착오가 돌이킬 수 없는 결과를 초래할 수 있다는 것을 명심해야 한다.

주택의 경우는 팔리지 않으면 임대라도 해서 자금을 마련할 수 있지만, 장사가 되지 않는 곳에서는 상가를 공짜로 빌려준다고 해도 들어올 사람이 없다. 손님이 없는 곳에 상가를 열어 인건비와 시간을 낭비할 사람은 없기 때문이다.

상가는 잘못 선택하면 상가(喪家)가 되는 것이니, 조급한 마음을 버리고 전문가의 조언을 빌어 신중에 신중을 거듭해 골라야 한다.

>> 상가 선택의 요령

신도시 지역에서는 상가를 사지 않는 것이 이득이다. 신도시는 새롭게 형성되는 상권이기 때문에 상가가 경쟁적으로 지어지며, 유동인구도 많아 성공할 것처럼 보인다. 이런 곳은 처음에는 성공하는 것처럼 보이지만 조금이라도 상권에서 벗어나면 언제 죽을지 모르는 상가가 된다.

또한 많은 사람들이 신도시라도 아파트 단지 내에 위치한 상가는 안전하다고 생각하는데, 이것도 안심할 수 없다.

① 세대수를 확인해야 한다. 최소한 500세대는 넘어야 매출이 보장된다고 본다.

② 상가가 아파트의 모든 동으로 가는 길목에 위치해야 한다.

③ 단지 뒤쪽에 분산상가라고 하여 작은 상가가 복수로 세워져 있으면 매출에 큰 지장이 초래한다.

④ 아파트 단지 뒤쪽으로 길이 있으면 유동인구가 그쪽으로 빠져나가게 되고, 특히 그 길이 지하철역이나 버스정류장으로 가는 지름길이라면 정문에 위치한 상가는 효용성이 대폭 감소한다.

⑤ 신도시의 아파트는 밀집된 형태로 지어지는데, 이렇게 되면 아파트 주민들이 자기 단지 내의 상가보다 더 가까운 위치에 있는 다른 단지의 상가를 이용해 매출이 떨어진다.

⑥ 아파트가 밀집되어 있으면 다른 단지의 상가도 가까우므로 결과적으로 더 싼 곳을 이용하게 되며, 이마트나 홈플러스 등 대형 할인매장이 있다면 그곳으로 몰린다.

따라서 단지 내에 상가가 있다고 해도 안심할 수 없는 것이다.

어떻게 보면 단지 내 상가의 경우 가장 이상적인 형태는 500세대 정도 되는 아파트가 번화가에서 뚝 떨어진 외딴 곳에 위치한 경우이다. 이 아파트 주민들은 다른 곳에서 물건을 살 기회가 적으니 선택의 여지가 없고, 당연히 단지 내 상가의 매출을 올려주게 되는 것이다.

즉 외관이 화려한 대도시의 단지 내 상가나 근린상가보다는, 경쟁이 없는 외딴 곳의 아파트 단지 내 상가가 더 내실을 다질 수 있는 것이다.

그리고 상가를 선택할 때는 반드시 1층을 골라야 한다. 1층은 상권이 무너지더라도 그나마 수월하게 임대와 매매를 추진할 수 있다. 같은 이유로, 작은 점포를 비싼 돈을 주고 사더라도 최고의 위치에 있는 것을 사야 한다. 같은 값에 큰 평수를 소유하려는 욕심으로 중심축에서 벗어난 상가를 사면, 상권이 생각보다 성장하지 못한 경우 원금만 받고 팔려고 해도 사겠다는 사람이 나서지 않는다. 이런 상가는 장기적으로 내다본다고 해서 가격이 오를 것도 아니다.

또한 상가의 업종을 선택할 때 대형 할인매장에서 취급하는 품목을 제외한 업종을 택해야 한다. 대형 할인매장과의 경쟁에서는 승산이 없기 때문이다.

〉〉 상권은 변한다

영원히 번창하는 상권은 없다. 비록 지금은 상권이 활발한 지역이라 해도 인근에 신도시가 들어서고 이 도시에 새로운 상권이 활성화되면 사람들은 미련 없이 새로운 상권으로 이동하게 된다.

이러한 변화가 심한 곳이 소위 신도시라는 곳이다.

신도시가 세워지는 곳은 어느 정도 땅에 여유가 있어 얼마든지 다른 아파트와 새로운 상가가 들어설 수 있는 곳이다.

만일 인근에 지금 상권보다 더 훌륭한 상가가 세워지면 소비자는 새로운 상권으로 이동을 하게 되므로, 상가를 사려면 넓이에 상관없이 주위에 더 이상

상가가 신축되지 못하는 여건을 갖춘 곳 중에서 활발한 상권을 선택해야 한다.

서울은 이미 포화상태라 새로운 대형 할인마트가 세워지기 힘들기 때문에 중소형 슈퍼마켓도 생존이 가능하다. 그러나 신도시에는 주변 상권을 초토화시킬만한 대형 할인매장이 계속 들어선다. 그러니 인근에 더 이상 상가가 세워질 여지가 없는 곳을 선택해야 실패가 없다.

서울 명동상권이 아직도 유지되는 것도 이런 맥락으로 판단할 수 있다. 비교할 만한 상권이 다른 곳에 많지 않기 때문이다. 만약 각 구마다 대규모 신도시가 들어서고, 명동 규모만한 상권이 밀집해서 생겼다면 상권으로 유입되는 인구가 분산되어 명동은 죽은 상권이 될 수도 있다. 그러나 서울은 도시의 틀이 잡혀 있어 새로운 상권이 비집고 들어설 땅이 없는 것이다.

부동산 경매가 어렵다구?

부동산 경매라고 하면 목돈을 가지고 있어야만 할 수 있는 것으로 생각하여
엄두를 내지 못하는 사람들이 있다.
그러나 의외로 전세금 정도면 해당 부동산을 매입할 수 있는 경우도 많다.

최근 부동산 경매에 대한 관심이 부쩍 늘어나고 있고, 집을 시세보다 싼 가격으로 구입할 수 있는 기회로 생각하는 사람이 많다.

예전에는 부동산 경매에 참여하는 사람을 곱지 않은 시선으로 보는 경우가 많았다. 부동산 경매란 빚을 갚을 능력이 없어 집이 헐값에 강제로 매각되는 것인데, 빚을 갚지 못해 집이 넘어가는 사람 입장에서는 얼마나 가슴이 아프겠는가. 그러다 보니 경매에 나온 집을 낙찰받으려는 사람들은 남의 불행을 돈벌이 수단으로 이용하려는 사람이라는 인식이 있었던 것 같다.

그러나 지금은 분위기가 많이 바뀌어 많은 사람들이 부동산 경매 시장에 관심을 갖고 있고, 특히 주부들의 참여도가 높아졌다. 재테크 새내기들도 젊을 때 경매에 관한 법규와 실무를 틈틈이 익혀 두면 차후에 훌륭한 재테크의 기반을 마련할 수 있을 것이다.

〉〉 부동산 경매

부동산 경매란 돈을 빌린 사람(채무자)이 약속한 기일까지 빚을 갚지 않을 때, 돈을 빌려준 사람(채권자)이 법원에 신청하여 채무자의 부동산을 강제로 매각하게 하고, 그 매각대금으로 빌려준 돈(채권)을 받아내는 절차를 말한다.

다시 말해 채권자는 채무자의 재산을 사적으로 매각할 수 없으며, 국가권력의 힘을 빌려 공정한 경쟁을 통해 매매를 실시하게 하는 것이다.

이 때 일반 투자자는 경매절차에 참여하여 입찰이라는 방법을 통해 해당 부동산을 매입할 수 있다.

부동산 경매라고 하면 목돈을 가지고 있어야만 할 수 있는 것으로 생각하여 엄두를 내지 못하는 사람들이 있다. 그러나 의외로 전세금 정도면 해당 부동산을 매입할 수 있는 경우도 많다. 좋은 예는 아니지만, 세입자가 자기가 살고 있는 집의 주인이 전세금을 돌려주지 않는다 하여 경매를 신청하고, 세입자가 낙찰을 받는 경우도 있을 정도이다.

경매에 참여하여 사게 된 부동산의 낙찰 대금을 모두 납부할 수 있을 정도의 자금이 준비되어 있다면 좋겠지만, 가진 돈이 적다고 해서 미리 포기할 필요는 없다. 은행이나 보험회사에서 낙찰 대금을 대출해주는 상품도 있으니 이를 이용하는 것도 방법이 될 수 있다.

〉〉 부동산 경매의 장점

가장 큰 장점은 시세보다 낮은 가격으로 부동산을 구입할 수 있다는 것이다. 『부자아빠 가난한 아빠』의 저자인 로버트 기요사키는 "남들이 미처 알지 못하는 수익성 높은 부동산을 값싸게 사서 임대하거나 일정기간을 지나 되파는 것이 부동산 투자의 성공비결이다."라고 했다.

이러한 투자방법에 가장 적합한 것 중 하나가 부동산 경매이다. 경매는 부동산을 시세보다 10~40% 정도 낮은 가격에 살 수 있기 때문이다.

일반적으로 법원 경매는 시세가 아닌 감정가에서 시작되는데, 감정가는 대개 시세보다 낮게 책정된다. 그리고 한번 유찰될 때마다 최초 감정가에서 20~30%씩 떨어지기 때문에, 해당 부동산이 3번만 유찰되면 감정가격의 50% 수준이 된다. 한 마디로 부동산을 반값에 살 수도 있다는 것이다. 이런 점이 부동산 경매의 매력이라고 하겠다.

그리고 부동산 경매는 초보자도 입찰에 참여할 수 있을 정도로 절차가 간편하다. 입찰은 입찰표에 입찰가격을 비공개로 적어 제출하는 방식으로 이루어지는데, 입찰 참여시 특별한 자격이나 조건이 요구되는 것도 아니기 때문에 누구나 쉽게 접근할 수 있다.

낙찰을 받고 대금을 납부하면서 소유권 등기 신청을 한다. 잔금을 치르는 것과 동시에 소유권을 취득한 것으로 인정되므로, 등기부등본상의 복잡한 권리관계도 법원에서 깨끗하게 정리해준다.

그러나 누구나 참여할 수 있기 때문에 어려운 점도 있다. 권리관계에 문제가 없고 지역적인 우수성을 겸비한 물건에는 사람이 많이 몰려 경쟁이 치열해진다. 경매에서 경쟁자가 많으면 입찰가를 높게 써야 하고, 이로 인해 낙찰을 받아도 큰 수익을 기대하지 못하게 된다. 그나마도 낙찰을 받지 못하면 권리 분석을 위해 들인 시간과 비용만 낭비한 셈이 된다.

>> 부동산 경매 시장의 주기

부동산 경매 시장의 주기는 부동산 시장의 주기와 반대로 움직이는 경향이 있다.

경기가 좋지 않을 때는 우수한 경매 물건이 많이 나오는데, 이때가 좋은 부동산을 낮은 가격에 구입할 수 있는 절호의 기회이다.

그러나 경기가 호황일 때는 경매 물건이 많이 나오지 않는데 관심을 갖고 있는 사람은 많아진다. 따라서 경쟁이 치열해져 만족스러운 투자 수익을 올리기 어렵다.

>> 부동산 경매의 위험성

부동산 경매가 많은 장점을 가지고 있는 것은 사실이지만, 각종 위험에 노출되어 있다는 것도 알아야 한다.

경매로 넘어온 부동산은 대체로 등기부상 각종 권리관계가 복잡하게 얽혀 있으며, 초보 투자자들이 이해하기 어려운 문제를 떠안고 있는 경우도 많다.

상식적으로 생각해봐도 빚을 갚지 못해 집이 강제로 경매가 될 정도면 이 집은 은행에 저당이 잡혀 있거나, 집을 담보로 어디의 누군가에게 돈을 빌려 썼거나, 세입자에게 보증금을 돌려주지 못할 형편이라는 것 등을 예측할 수 있다.

부동산 경매 시장에서 승자가 되려면 이득을 낼 수 있는 부동산을 고르는 안목이 필요하고, 그러기 위해서는 스스로 공부를 해야 한다.

부동산 경매에 뛰어들기 위해 가장 필요한 기술은 대개 집에 대한 권리를 분석하는 것이다. 낙찰자가 세입자보다 권리관계에서 앞서는지를 따지고, 등기부에 기재된 복잡한 권리가 낙찰과 함께 깨끗하게 정리되는 것인지를 알아보고, 건축법상 하자는 없는지 살펴야 한다.

지금 막 경매 시장에 뛰어들려는 초보자라면 우선 이해하기 쉬운 교재를 통해 부동산 경매의 기초를 익힌 뒤, 주위에 부동산 경매에 대해 잘 아는 사람과 함께 한 번이라도 실전을 치러보는 것이 중요하다. 이론적인 부분만 공부하다 보면 막상 실전에서 당황하는 경우가 생기기 때문이다.

한 가지 주의할 점은 입찰시의 명의 문제이다. 주변의 잘 아는 사람에게 조언을 받고 입찰할 경우, 명의는 돈을 내는 사람으로 해야 한다는 것이다. 믿고 의지하는 마음에 상대방이 제의하는 대로 따라갔다가 투자 수익금은커녕 원금도 받지 못하는 경우가 발생할 수 있다.

부동산 경매에 대해서는 이 정도로 생략하고, 더 관심을 갖고 공부를 하고 싶다면 필자의 다른 저서인 『국민은행 경매팀장이 쓴 경매로 내 집 마련하기』를 참고하기 바란다.

06

알기 쉬운 **부동산** 투자의 예

단지 먹고 살기 위해 돈을 원한다면
결코 그것을 가질 수 없을 것이다.
사람이 가질 수 있는 최고의 자산은
지식과 경험과 능력을 쌓는 것이다.

-헨리 포드-

51 우리 동네에 지하철이 생긴다면?

2008년 하반기 개통 예정일이 점점 다가오자,

몇 년째 오르지 않던 아파트 가격이 오름세를 타서

2억5,000만원에서 2억8,000만원 사이로 거래가 이루어지고 있다.

D씨는 평소에 저축이나 주식을 하기보다는 부동산을 주된 재테크 수단으로 삼고 있다. 따라서 항상 부동산 관련 정보를 수집하고 분석하는 습관이 있다.

그러다가 여유자금이 생겨 새로운 부동산 투자처를 물색하고 있는데, 지하철 9호선의 노선이 확정되고 공사가 시작된다는 기사를 보게 되었다.

그는 이전의 경험을 살려 지하철 역사가 예정된 바로 앞의 아파트를 물색하기 시작했다. 집을 찾다 보니 등촌동의 한 아파트가 가격도 저렴하고 바로 앞에 역사도 생길 예정에 대형 할인매장도 위치하고 있어 나중에 역이 개통되면 아파트 가격이 상승할 것으로 보였다.

단점이 있다면 동수가 2동밖에 없었다는 것인데, 28평형이 1억8,000만원에 35평형이 2억2,000만원 선으로 가격적인 경쟁력이 있어 이 아파트를 구입하기로 결정했다.

D씨는 35평형을 사려고 했으나 부동산 중개업자가 해당 지역은 28평형이 가장 인기가 좋다고 추천을 하여, 28평형을 1억7,500만원을 주고 계약했다. 그런데 그 집에는 보증금 8,000만원에 전세를 살고 있는 사람이 있어 실제 D씨가 투자한 돈은 9,500만원이었다.

그런데 D씨가 잘못 판단을 했는지, 아파트를 사고 3년이 지나는 동안 거의 가격 변동이 없었다. D씨의 경험으로 보면 통상 지하철 개발 발표가 있으면 오르고, 실제 공사를 할 때 또 오르고, 마지막 개통을 하면 오르는 것인데, 착공에 들어가도 집값이 요지부동이니 이상한 일이 아닐 수 없다.

그래도 D씨는 언젠가는 오른다는 확신을 가지고 꿋꿋하게 기다렸다. 그러나 지하철 공사가 자꾸 지연되어 개통 예정일이 계속 늦춰지는 것이 아닌가. 그래서 개통한 후 아파트를 팔려고 했던 계획도 차츰 늦어지고 있었다.

2009년 상반기 개통 예정일이 점점 다가오자, 몇 년째 오르지 않던 아파트 가격이 오름세를 타서 2억5,000만원에서 2억8,000만원 사이로 거래가 이루어지고 있다. D씨는 이 추세로 가면 개통이 된 후에는 3억원 근처의 가격을 형성하지 않을까 예상을 하고 있다.

물론 그 동안 다른 곳들도 전반적으로 부동산 가격 상승이 있었으나, D씨가

지하철 9호선이 개통된다는 변수를 믿고 아파트를 보유한 것이 주효한 셈이다. 비록 보유 기간은 길었지만 1억원에 가까운 이득을 얻었으니, 성공한 투자라고 볼 수 있다.

뉴타운에 주목하라

B씨는 뉴스에 귀를 기울이고 나름대로 분석 · 판단하고
신속한 결정을 내려 투자에 성공을 한 케이스다.
남들이 흘러듣는 뉴스조차도 투자의 재료로 삼고 일견 과감한 행동을 취했다.

몇 년 전 1차 뉴타운 지역을 선정하여 발표할 것
이라는 뉴스가 방송되었다. 뉴타운이라는 것이 생소하기는 했지만 부동산 투
자가로서 무언가 있을 것 같다는 예감이 머리를 스치고 지나간 B씨.

당시 뉴타운 지역을 세 군데 선정한다고 했다. 첫째, 도심 안에서 직장을 다
닐만한 곳, 둘째, 전원형 지역, 셋째, 도심 외곽의 주거형 단지.

각종 부동산 전문지에서 여러 곳의 뉴타운 예상 지역을 예측했으나, 워낙
여러 곳이라 정작 어디가 될지 아무도 예측할 수 없는 상황이었다.

B씨는 나름대로 연구를 하기 시작했다. 도심에서 낙후된 지역은 강북의 미아리 부근, 도심 개발지는 황학동 지역, 전원형 주택이 들어설 곳은 은평구 부근이라고 결론을 내린 B씨는 황학동 지역을 투자 대상으로 삼았다.

황학동 지역은 서울 한복판인 청계천변에 있지만, 나지막한 언덕에 노후 단독주택이 다닥다닥 붙어있는 형상이다. 청계천변은 이미 재개발이 진행되고 있는 지역이라서 B씨는 다음 타자는 황학동 지역이 될 것으로 예측을 했다고 한다.

발표가 있기 전에 사야 한다고 생각하여 시세를 물어보니 10~15평의 땅을 가진 단독주택 시세가 평당 370만원 정도였다.

서울 한복판의 상업지역 치고는 가격이 매우 낮아서 강점이 있다고 판단한 B씨는 황학동의 부동산 중개업소에 연락을 취해 매물이 나오면 알려달라고 부탁해놓았다.

며칠 후 부동산 중개업소에서 좋은 물건이 나왔다고 연락이 왔다. 그러나 업무가 바빠 가지 못하고 있다가, 발표를 이틀 남겨놓고 계약을 하러 가게 되었다. 그런데 퇴근을 하고 부동산 중개업소로 가던 중, 차 안에서 뉴스가 흘러나왔다. 뉴타운 세 곳을 이틀 정도 앞당겨 선정·발표하는 내용이었다.

그런데 선정된 곳이 B씨가 예측한 황학동 지역이 아니라 바로 길 건너의 왕십리 지역이었다. 왕십리 지역은 B씨가 황학동을 눈여겨봤을 때 부동산 중개업소에서 추천을 한 곳이었다. 그러나 B씨가 보기에는 황학동에 비해 노후도가 덜했기 때문에 제쳐두었던 것이다.

부동산 중개업소에 도착하여 집을 팔 사람이 왔냐고 물으니, 집주인도 그 뉴스를 보고 마음이 바뀌어 팔지 않겠다는 연락이 왔다고 한다. 황학동이 선정된 것은 아니지만 왕십리는 바로 옆동네이니 후광 효과가 있을 것이라고 여긴 것이다. 청계천변 쪽 재개발 지역이 당시에 평당 1,000만원까지 올랐으니 그냥 가지고 있겠다고 결정한 것도 당연한 일이었다.

B씨는 이왕 걸음을 한 김에 혹시 뉴스를 못 본 사람이 있을지도 모르니 매물을 알아봐달라고 했다. 그날 중으로 사야 한다는 판단을 내린 것이다. 중개업자는 평당 500만원에 팔겠다는 사람이 있다고 알려주었고, B씨는 그날로 그 사람과 평당 480만원에 계약을 했다.

평당 370만원을 예상하고 갔다가 불과 몇 시간 사이에 평당 110만원을 더 주고 사려니 속이 상했지만, 그래도 나름대로 괜찮은 투자라 생각하고 강행을 했다고 한다.

나중에 B씨는 투자 결정을 하고 며칠 신경을 못 쓴 것에 대한 대가가 너무 컸다고 후회했다. 계약한 집의 대지가 18평이었으니, 며칠 일찍 갔다면 2,000만원 정도를 아낄 수 있었던 것이다. B씨는 그때 생각을 하면 바로 실천해야 하고, 생각만 해서는 아무 이득도 볼 수 없다는 것을 뼈저리게 느꼈다고 한다.

그런데 B씨가 그 집을 사고 난 후에 직장 동료인 L씨에게 이야기를 했다. L씨는 B씨의 이야기를 듣고 자기도 사겠다고 따라 나섰는데, 그 부동산 중개업소에 갔더니 불과 며칠 사이에 평당 550만원 이하의 물건이 모두 없어진 상태였다.

L씨가 생각하니 B씨는 평당 480만원에 샀는데 자기는 평당 70만원을 더

주고 사려니 아깝기도 하고, 여기서 더 오르지 않을 것이 걱정되기도 하여 구매를 포기했다.

그리고 며칠 후, L씨가 곰곰이 생각해본 결과 그래도 투자매력이 있을 것 같다는 판단이 섰다. 그래서 다시 그 중개업소를 찾아갔는데, 이제 평당 620만원 밑이 없다는 것이다. 결국 L씨는 더 기다릴 수는 없다는 생각에 평당 620만원에 계약을 했다.

그걸 본 B씨, 기분이 좋을 수밖에 없다. 불과 열흘도 지나지 않았는데 비슷한 집을 결과적으로 평당 140만원이나 싸게 산 것이 아닌가. 빨리 결정을 내린 것이 2,600만원 정도의 돈을 절약하게 해준 것이다.

B씨는 뉴스에 귀를 기울이고 나름대로 분석 · 판단하고 신속한 결정을 내려 투자에 성공을 한 케이스다. 남들이 흘려듣는 뉴스조차도 투자의 재료로 삼고 일견 과감한 행동을 취했다.

B씨의 경우, 어차피 투자를 하긴 해야겠는데, 아무런 이득이 없어 보이는 곳에 투자를 하고 시간을 보내며 기다릴 바에는 뉴타운 지역을 골라내자고 결심했던 것이다. 제대로 골라내면 큰 수확을 얻을 수 있고, 황학동이라면 설령 잘못 짚었다 해도 조만간 오를 것이라고 판단한 것이다.

당시의 황학동 지역은 주택가의 노후가 심하여 도심의 미관상 좋지 않으니 언젠가는 재개발이 될 것이라는 예측이 가능하다. 따라서 B씨는 뉴타운이 안 되면 재개발이라도 될 것이니 그런 과감한 결정을 할 수 있었던 것이다.

훗날 그 땅은 평당 1,000만원이 호가하는 귀한 몸이 되었고, B씨에게 큼직한 투자수익을 돌려주었다.

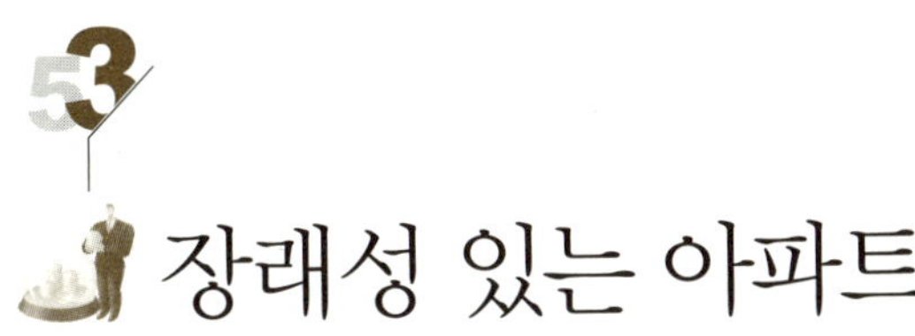

장래성 있는 아파트

자기의 판단에 확실한 근거가 있고 주장이 있다면
설혹 결과가 기대에 미치지 못하더라도 위안을 삼을 수 있는 일이다.

R씨가 다니는 회사는 대로변에 위치하는데, 어느 날 바로 건너편 공터에 건물을 짓고 있는 것이 눈에 띄었다. 궁금해서 물어 보니 모델하우스를 짓고 있다고 한다.

건설회사와 건설현장을 묻고 인터넷으로 관련 기사를 검색했더니 오래 전부터 계획이 있어 왔던 곳이었다. 지하철역 바로 앞에 약 1,000세대 정도의 대규모 아파트가 건설된다는 내용이다.

R씨는 휴일을 틈타 분양예정 아파트가 건설된다는 현장으로 가 주변을 살

펐다. 대단지가 들어선다는 현장의 인근에는 400세대 정도의 아파트가 있었는데, 주변 여건은 썩 좋지는 않았으나 바로 100m 앞에 지하철역사가 있어 대중교통이 양호한 편이었다.

이 아파트의 35평형 가격은 1억7,000만원 선으로, 비싸지도 싸지도 않은 가격이었다. 그런데 바로 옆에 분양될 아파트의 같은 평형 가격이 약 3억원 정도로, 시세 차이가 너무 벌어져 결국 이 아파트도 오를 것이라는 생각이 들었다고 한다.

이 아파트가 지금은 공원도 없고 편의시설도 부족하지만, 옆에 분양하는 아파트에 학교와 공원이 예정되어 있으니, 이 아파트도 당연히 주거환경이 좋아지지 않겠는가.

그는 자기의 판단에 확신을 갖고 남향으로 된 중간층의 아파트를 1억7,000만원에 계약했다. 물론 판단은 판단이고 결과는 다르게 나타날 수도 있지만, 자기의 판단에 확실한 근거가 있고 주장이 있다면 설혹 결과가 기대에 미치지 못하더라도 위안을 삼을 수 있는 일이다. 게다가 이런 판단을 내리기까지 조사한 데이터가 있을 것이므로, 무작정 부동산을 구입하는 일은 생기지 않는 것이다.

R씨가 그 아파트를 산 이후 사람들의 관심이 부쩍 늘어나 구입문의가 많아진 모양이다. 그 집을 중개한 부동산 업자가 이후로 꽤 올랐다는 전화를 했을 정도라나. 그가 산 아파트의 가격은 2~3개월 사이에 2억2,000만원을 넘어섰다고 한다.

내 집 마련은 부동산 경매로

부동산 경매에 있어 권리분석을 제대로 하지 못해

손해를 보는 경우도 비일비재하다.

따라서 평소에 관심을 갖고 실력을 닦으려는 노력이 필요한 것이다.

S씨는 평소 부동산에 관심이 없었다. 집은 전세를 얻어 살고 있는데, 재테크가 필요하다는 생각을 하고 있지만 특별히 아는 것도 없고 노력을 기울이는 성격도 아니었다. 이런 사람들의 경우 "나는 그런 거 할 돈도 없고 능력도 없어."라고 말하면서 다른 사람의 말을 애써 외면하는 경우가 많다.

그러던 어느 날 S씨가 오랜만에 친구를 만났는데, 그 친구 또한 S씨와 비슷한 사람이었다. 같이 술잔을 기울이다 보니 그 친구가 경매로 집을 샀다는 말하는 것이 아닌가.

S씨가 놀라서 경매에 대해 뭘 안다고 집을 샀냐고 되묻자, 그 친구의 친척 중에 재테크를 잘 아는 사람이 있다고 한다. 그 사람이 부동산 경매로 집을 샀다기에, 자기도 한번 알아봐 달라고 부탁했다는 것이다. 그 친척은 자기가 전세로 살고 있는 아파트가 경매로 나오게 됐으니 그걸 사라고 추천을 해주었다고 한다.

그러나 평소 관심도 없고 경매에 관해서 아는 것 하나 없는 처지에 방도가 있을 리 없다. 결국 친척에게 다시 도움을 구하니, 자기가 권리분석을 해 줄테니 입찰을 하라고 했다는 것이다.

그래서 그 때부터 관련 책도 보고 친척에게 묻기도 해서 33평 아파트를 시세보다 3,000만원 정도 싸게 샀다고 한다. 게다가 최근에는 이 아파트가 5,000만원 정도 올라서, 기분이 좋아 S씨에게 술을 한 잔 사줄 생각이 들었다는 것이다.

S씨는 친구 덕분에 공술을 마시기는 했지만, 심기는 조금 불편했다. 얼마 전까지만 해도 나랑 비슷한 처지의 친구가 갑자기 성공해서 나타난 것 같은 느낌이라고나 할까.

그날로 S씨도 부동산 경매에 관심을 가지고 공부를 시작했다. 그러나 책만 가지고는 자신감이 생기지 않아, 결국 친구에게 부탁하여 그 친척에게 도움을 요청했다.

S씨는 30평대 아파트가 사고 싶어 부동산 경매 정보를 열람했는데, 마침 인근의 30평대 아파트가 시세보다 5,000만원 정도 싸게 나온 게 눈에 띄었

다. 보통 거래 가격이 2억5,000만원 정도 하는 아파트가 2억원에 나온 것이다. 처음 입찰가는 2억5,000만원이었으나 한 번 유찰되어 2억원에 나왔다고 한다.

직접 아파트에 가보니 외관도 깨끗한 편이고 주위 환경도 좋아, 주변의 도움을 받아 권리관계 검토에 들어갔다. 이 세입자의 전세금은 1억이었는데, 법원에서 배당받을 수 있어 낙찰자와는 관련이 없었다.

S씨는 세입자를 찾아가 자기가 사서 입주를 할 사람인데 집을 언제까지 비워줄 수 있는지 물었다. 그러자 세입자는 그 동안 전세금을 받지 못해서 고민이었는지, 전세금을 돌려받고 이사 비용만 주면 언제든지 나가겠다고 대답하는 것이었다.

세입자가 큰 문제 없이 집을 비워줄 것이라고 확신한 S씨는 다시 조언을 구해 입찰가에 2억1,500만원을 적었다. 이 아파트에 입찰한 사람이 4명이 있었으나, S씨가 최고가로 낙찰되어 아파트를 살 수 있었다.

S씨는 즉시 세입자를 찾아가 아파트를 낙찰받았다고 이야기하고, 1개월 후에 전세금이 나오며, 이사 비용으로 300만원을 주겠다고 제의했다. 세입자가 흔쾌히 응하자 S씨는 10일 후 잔금을 납부하고 자신도 이사 계획을 세워 무사히 이사를 마쳤다.

결과적으로 S씨는 시세보다 약 3,000만원 정도 싸게 집을 마련한 셈이다. 월급을 모아 3,000만원을 만드는 것이 어디 쉬운 일이겠는가. S씨는 친구가 경매에 참여해 집을 산 것을 부러워하는 데서 그치지 않고 자기도 공부를 하여 경매도 배우고 집도 마련했으니 일거양득인 셈이다.

하지만 이건 성공한 케이스이고, 부동산 경매에 있어 권리분석을 제대로 하
지 못해 손해를 보는 경우도 비일비재하다. 따라서 평소에 관심을 갖고 실력
을 닦으려는 노력이 필요한 것이다.

지역 선택에 울다

G씨는 "목동 아파트가 그렇게 오를지 내가 알았나?
알았으면 샀지 안 샀을까."라고 후회를 하고,
아파트도 역시 명품을 사야겠다는 것이다.

고척동에 살고 있는 G씨에게는 중학교에 다니는 자녀가 있다. 그런데 하루는 G씨의 부인이 아이가 고등학교에 진학하게 되었으니 학군이 좋은 곳으로 이사를 가자고 말을 꺼냈다.

평소 공부는 자기 하기 나름이라고 생각하던 G씨는 "애가 공부를 하는 것이지 학교가 공부를 하냐, 아무 학교나 가서 자기가 열심히 하면 되는 것 아니냐?"라고 말다툼을 했다고 한다. 일반적으로 남자들은 G씨와 같이 학군이나 지역에 연연하지 않는 사람들이 많기 때문에 당연한 반응이라고 하겠다.

결국 G씨는 부인이 주장하는 목동으로 가지 않고 신월동으로 집을 옮겼다. 처음에는 시영아파트에 전세로 살게 되었는데, 계약 기간이 종료되어 집주인이 집을 비워달라고 하자 G씨는 옆 동의 아파트로 다시 전세를 가려고 했다.

그런데 부인은 G씨에게 전세를 또 옮기느니 차라리 집을 사자고 했다. G씨는 지금 아파트 가격이 한참 올라 있는 상태인데 무엇 때문에 집을 사야 하냐고 또 반대를 했다. 그러나 이 일은 부인이 고집을 꺾지 않아 할 수 없이 1억 5,000만원에 25평형 아파트를 사게 되었다.

이런 와중에도 부인은 목동에 집을 사자고 졸랐는데, G씨가 다시 터무니없이 비싼 목동에 왜 집을 사냐고 반대를 해 신월동에 아파트를 산 것이다.

어쨌든 집을 마련한 G씨는 2,000만원을 투자하여 내부 인테리어를 깨끗이 하고 잘 살고 있었는데, 결국 부인한테 시달릴 일이 생기고 말았다. 목동의 아파트 가격이 천정부지로 치솟아 단기간에 2배 정도로 뛴 것이다.

일이 이렇게 되니 부인이 가만히 있을 리가 없다. 그 때 내가 목동에다 집을 사자고 할 때 내 말을 안 들어서 지금 얼마나 손해가 났냐는 등, 마누라 말 안 듣는 인간치고 잘 되는 인간이 없다는 등.

부인이 이렇게 나오는데 G씨가 생각해도 할 말이 없는 노릇이다. 신월동의 아파트도 가격이 올라서 2억7,000만원 정도가 되었으나, 사람 욕심은 끝이 없는 것이다. 원래 놓친 물고기가 더 커 보이는 것인데 실제로 목동 아파트가 그렇게 많이 오르니 부인 입장에서는 G씨가 원망스럽기만 한 것이다.

그 후로 G씨는 "목동 아파트가 그렇게 오를지 내가 알았나? 알았으면 샀지 안 샀을까."라고 후회를 하고, 아파트도 역시 명품을 사야겠다는 것이다. 어

디서 읽었는데 아파트가 비싸더라도 명품을 사야 값이 안 떨어지고 오를 때도

많이 오른다고 했다나.

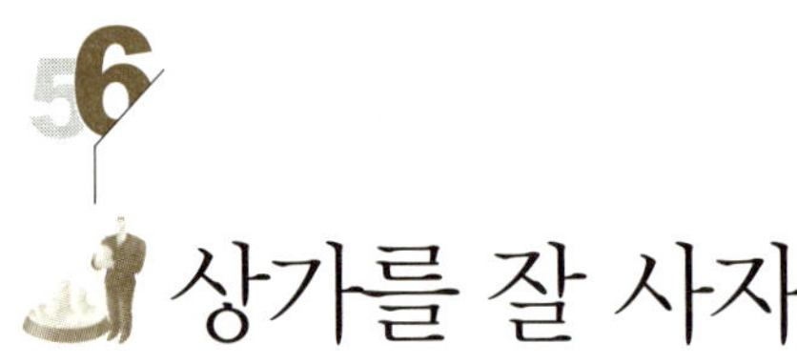

상가를 잘 사자

작금의 신도시 단지 내 상가를 보면 지하층일 경우
십중팔구 공실이니 값이 나갈 리가 없다.
결국 아주 헐값에 세를 주고 있는 신세가 됐다.

신도시 초창기 시절, 주변의 지인이 상가를 사
겠다고 나섰다. 아버지가 퇴직을 하셨는데, 상가를 사서 작은 슈퍼마켓이라도
운영할 수 있도록 해드린다는 목적이었다.

당시 신도시 상가 붐이 일어, 아파트 단지 내의 상가 1층은 평당 2,000만
원, 지층이나 2층은 평당 700~800만원 하던 시기였다.

상가에 대해 아무 것도 모르던 그는 신문에 난 광고를 보고 일산 신도시에
400세대 정도 되는 단지 내 상가 중, 지층 면적이 50평 정도 되는 상가를 평

당 400만원에 분양받았다.

그런데 알고 보니 분양업자가 건설회사로부터 일괄로 사들여 자기들 마음대로 쪼개 팔았던 것이라 공동명의로 등기가 되어 있었다. 엎친 데 덮친 격으로 분양회사와 계약한 사람들이 중도금을 내고 있는 와중에 그 분양회사가 부도가 나, 사람들이 낸 돈의 50% 정도가 건설회사에 전달되지 않았다. 그러자 건설회사는 분양을 인정하지 않겠다고 나섰고, 결국 피해자들이 백방으로 수소문하여 나머지 대금을 지불하는 조건으로 건설회사와 다시 계약을 체결하였다.

이런 우여곡절 끝에 입점이 되어 장사를 시작했는데, 단지 내 독점상가라 개점 초기에는 직원 3명에 하루 매출이 1,000만원을 기록하였다.

힘은 들었으나 열심히 일을 해 나가던 중, 일산 신도시에 이마트가 들어서면서 문제가 발생했다. 제일 먼저 중급 슈퍼마켓이 문을 닫았고, 그 여파는 소형 점포에까지 미쳐 상권이 완전히 붕괴되기 시작했다. 특히 이마트에서 취급하는 상품을 판매하던 매장은 초토화되는 지경에 이르렀다.

그나마 1층 점포는 부동산 중개업소나 문구점 등으로 업종을 변경하여 자리를 지켰지만, 지층은 할 수 있는 업종이 없었다. 작금의 신도시 단지 내 상가를 보면 지하층일 경우 십중팔구 공실이니 값이 나갈 리가 없다. 결국 아주 헐값에 세를 주고 있는 신세가 됐다.

투자 손실은 2억원이지만 그 돈을 아파트에 투자했을 때와 비교해보면 수억의 손실을 본 셈이니, 망해도 크게 망한 투자인 것이다.

그는 지금도 지방을 가다 간혹 "○○○ 할인매장 들어서면 지역경제 다 죽는다.”라고 쓰인 현수막이 내걸린 것을 보면 그때의 경험이 생각난다고 한다. 기존 상가의 점포주들이 겪을 시련이 눈앞에 보이니 동병상련이라고 해야 할 까.

각 지역 아파트의 특징을 알자

참으로 좋은 발상이다.

사람들이 재건축·재개발 지역에 눈독을 들이는 동안,

그는 그곳을 빠져나올 사람들에게 초점을 옮긴 것이다.

》 분당

직장인 J씨는 퇴직금 중간정산을 받게 되어 목돈이 생겼다. 그럴듯한 투자처를 물색하던 J씨는 부동산을 사기로 마음먹었다. 주식에서는 계속 손해를 보고 있었기 때문에 주식은 아예 열외로 두고 안전한 투자처를 찾다 보니 부동산 쪽으로 마음이 기운 것이다.

J씨는 그 때부터 나름대로 유망지역을 분석했는데, 마침 강남에 저층 주공

아파트 재건축이 막 시작되는 시기였다. J씨는 이 점을 투자 포인트로 삼았다. 강남의 아파트가 재건축되면 일단 그곳에 살던 사람들이 다른 곳으로 이사를 해야 하는데, 그 곳이 과연 어디일까 생각한 것이다.

참으로 좋은 발상이다. 사람들이 재건축·재개발 지역에 눈독을 들이는 동안, 그는 그곳을 빠져나올 사람들에게 초점을 옮긴 것이다.

이렇게 생각해보니 강남에 살던 사람들이 강남을 포기할 것 같지는 않은데, 강남이 워낙 집값이 비싸니 학군이나 생활여건을 따져봤을 때 분당 쪽으로 수요가 옮겨가리라는 예측을 했다.

J씨는 판단을 내린 즉시 분당으로 가서 주위를 둘러보고 환경이 가장 양호한 시범단지 쪽으로 마음을 굳혔다. 당시 분당의 시범단지 중 한양아파트 35평형이 가장 저렴하여 2억원을 주고 매매계약을 체결했다. 한양아파트가 가격도 낮았지만 바로 옆에 중앙공원이 있고 지하철 교통편도 좋아 사람들이 선호할 것이라는 판단이 섰기 때문이다.

J씨가 낚싯대를 던져 놓고 기다리는 낚시꾼의 심정으로 강남 재건축 아파트 사람들이 분당으로 몰려오기를 기다리고 있을 때, 같은 직장의 C씨가 이 이야기를 듣고 자기도 분당에 아파트를 사겠다며 J씨를 대동하여 분당으로 갔다.

그리하여 J씨가 산 한양아파트의 시세를 보니, 2억원 이하의 물건은 이미 없어진지 오래고, 가장 싼 것이 2억3,000만원이었다.

C씨는 당연히 갈등을 하기 시작한다. J씨가 일주일 전에 2억원을 주고 산 아파트를 3,000만원이나 오른 가격에 사려니 배가 아프지 않을 수가 있겠는

가. 그리고 J씨의 판단이 옳을 것이라는 확신도 없어 C씨는 결국 구매를 포기했으나, 덕분에 일주일 동안 3,000만원이나 시세가 오른 것을 확인한 J씨는 좋은 기분으로 돌아왔다.

그로부터 3일 후, C씨가 다시 분당 부동산 중개업소를 찾았는데, 이번에는 2억5,000만원 밑으로는 나온 것이 없다고 하지 않는가. C씨는 더 낙담을 했지만 이번에 못 사면 영영 놓칠 것 같아 같은 아파트를 2억5,000만원에 구입하였다.

그런데 그 이후 한동안 시세가 2억5,000만원으로 고정되어 더 이상 오르지 않는 것이다.

J씨의 경우는 이미 5,000만원이 오른 것이니 만족스러운 상태였다. 게다가 전세를 끼고 구입하여 실제 투자금액은 1억원이었는데 5,000만원이 올랐으니 대성공을 거둔 것이다.

그러나 C씨는 달랐다. 더 오를 것으로 예상하고 2억5,000만원을 들였는데, 반년을 기다려도 오르지 않으니 자기가 최고 가격일 때 샀다고 생각하고 짜증이 나는 것이 당연지사. 그래도 이왕 샀으니 남에게 넘기기는 아까워 계속 보유하고는 있었다.

그로부터 얼마 후에 삼성이 분당으로 사무실을 이전한다는 뉴스가 발표되어 기대를 했으나 아파트 가격에는 별다른 움직임이 없었다.

그래서 J씨는 생각을 달리 하게 되었다. "강남 사람들은 월세를 살아도 강남에 살고 분당으로는 오지 않나 보다. 그렇다면 차라리 강남에 투자를 하는 게 낫지 않을까."

그래서 J씨는 분당의 아파트를 2억6,000만원에 처분했다. 그래도 짧은 기간에 6,000만원을 벌었으니 세금을 내고도 수익률이 좋았지만, J씨의 기대에는 미치지 못하여 서운한 마음이 들었다.

그런데 그 이후 1년이 채 되지 않아 분당의 아파트 가격이 5~6억원으로 급상승하는 모습을 보였다. 가격 폭등의 요인이 J씨의 추측대로 강남 사람들의 이주 때문인지는 알 수 없지만 어쨌든 J씨의 예측이 적중한 셈이다.

J씨보다 늦게 아파트를 산 C씨는 3억원을 넘기고 아파트를 팔았는데, 훗날 가격이 폭등한 것을 보고 많이 아쉬워했다는 후문이 들려온다.

〉〉 강동

앞서 분당의 아파트에 투자했던 J씨, 강남에 투자하기로 결정하고 아파트를 매각한 뒤 둘러보니 너무 가격이 비싸 살 엄두가 나지 않았다. 그래서 인근의 강동을 보니 그나마 시세가 낮아 목표 지점을 강동으로 변경했다.

J씨가 투자의 핵심으로 삼는 첫 번째 원칙은 바로 지하철역 주위를 공략하는 것이다. J씨는 지하철역에 인접한 소규모 아파트의 시세는 지하철역에서 멀리 떨어져 차편을 이용해야 하는 대단지 아파트의 가격 수준과 비슷해질 수 있다는 관점을 가지고 있다. 이에 따라 강동 지역의 지하철역 근처를 주로 검토하니 성내동 아파트가 바로 지하철을 옆에 끼고 있었다.

직장에 매인 몸인지라 1월 1일 신정 연휴에 시간을 내서 인근 부동산 중개업소를 찾았는데, 아니나 다를까 전부 문을 닫았다. 다행히 한 곳이 문을 열어 그곳을 찾았는데, 그 중개업자는 일을 하러 나온 것이 아니라 잠시 무엇을 가지러 온다고 나온 것이었다.

보통 집을 사는 사람들은 여러 차례 중개업소를 방문하고 온 가족이 다 본 후에야 계약이 성사되는 경우가 많아, 이 중개업자는 대충 형식적인 소개로 끝내려 했다고 한다.

그런데 J씨가 가격이 맞는 아파트가 있으면 지금 당장 계약하겠다고 나서자 중개업자가 반신반의하며 물건을 소개했다. 이미 마음의 결정을 내린 J씨는 25평 아파트를 한 번 보고 1억4,000만원에 바로 계약을 했다. 그리고 이후에는 친척에게도 소개하여 같은 아파트를 사도록 했다.

그 아파트는 그 이후 조금씩 오르더니 2억원을 넘어갔다고 한다. 참으로 대단한 안목의 소유자가 아닐 수 없다.

J씨의 투자 철학은 "지난 것은 후회하지 않는다."는 것이다. 다만 과거의 경험을 교훈으로 삼으면 다음에 같은 상황이 왔을 때 더 현명한 판단을 할 수 있으므로 좋은 학습의 기회가 되고, 이를 통해 더 큰 이익을 볼 수 있다고 생각한다는 것이다.

분당의 예에서, J씨를 따라 아파트를 샀던 C씨가 분당 아파트가 천정부지로 오르자 속이 쓰려 J씨에게 괜히 팔았다고 푸념을 늘어놓았다고 한다. 그래서 J씨는 C씨가 아파트를 팔아 이득을 본 것을 뻔히 알면서도 "분당 아파트를 샀다가 팔아서 손해를 보았나?"라고 물었다. 당연히 C씨가 이득을 보았다고 대답하자, J씨는 담담하게 말했다. "그럼 됐지, 더 뭘 바라나? 손해를 보는 사람도 많은데."

성내동 아파트가 2억원을 넘어선 후 J씨는 처음 아파트를 계약했던 부동산 중개업소를 다시 찾았다. 그러니 그 중개업소 사장이 J씨에게 "내가 부동산을 십여 년 했는데, 신정 연휴에 집을 보러 오는 사람도 드물지만, 집을 보자마자 계약하는 사람도 거의 본 적이 없어요. 그런데 선생님이 바로 계약을 해서 무슨 개발 계획이라도 알고 있나 싶었지요."라고 했단다.

그런데 결과적으로 짧은 기간 내에 40% 이상 가격이 올랐으니 그 중개업소 사장도 J씨의 안목을 칭찬하며 역시 돈 버는 사람은 남들과 다른 점이 있다고 말했다고 한다.

그 말이 틀린 말은 아니다. 내가 보기에도 J씨는 부동산 투자에 대한 감각이 있는 것 같다. 그리고 J씨의 말을 듣고 같은 아파트를 산 그의 친척도 감사의 말을 전했고, J씨 역시 도움을 줄 수 있어 마음이 뿌듯했다나.

죽전지구 아파트 투자 사례

일반적으로 많은 사람들이 택지지구에 짓는 아파트를 선호하는데,

택지지구는 계획하고 지어진 도시라

녹지(綠地)나 공원, 편의시설 등이 잘 갖추어져 있어 살기 편하기 때문이다.

D씨는 분당 아파트 값이 폭등하기 전에 분당에 인접한 죽전지구 아파트를 눈여겨보았다.

분당이 지어진지 10여년이 지나 내부 인테리어를 새로 하지 않으면 새로 짓는 아파트에 비해 노후화가 심하다. 따라서 인근의 새 아파트에 대한 수요가 있지 않을까 판단하고, 그 대상지역으로 죽전지구를 점찍었다.

일반적으로 많은 사람들이 택지지구에 짓는 아파트를 선호하는데, 택지지구는 계획하고 지어진 도시라 녹지(綠地)나 공원, 편의시설 등이 잘 갖추어져 있어 살기 편하기 때문이다.

한동안 용인지역이 난개발지역이라는 말이 나온 것도 이와 연관이 있다. 용인은 위치상으로는 서울로의 출퇴근이 비교적 양호한 편인데, 대규모 택지지구가 없다. 각 건설회사마다 땅을 구입하여 개별적으로 아파트를 짓다 보니 변변한 공원이나 편의시설이 들어서지 못한 것이다. 결국 용인은 베드타운으로서의 기능만 하게 되어 집값이 별로 오르지 않게 됐고, 이런 현상은 택지지구의 아파트와 현격한 차이를 나타낸다.

따라서 D씨는 이런 의미에서 죽전지구가 분당을 대체할 수 있는 곳이라고 여겨 죽전지구 아파트의 분양을 알아보았다.

당시 죽전지구의 아파트 분양은 경쟁이 심하지 않았고, 몇 개의 아파트 단지는 미분양이 되어 선착순 분양을 하고 있었다. 중도금 납입 조건도 좋아 건설회사에서 이자를 내주는 무이자대출도 제공되어 계약금만 있으면 분양을 받을 수 있는 상황이었다.

45평 아파트의 분양가격이 3억3,000만원이었고, 계약금이 3,300만원이었는데, D씨는 배짱 좋게 아파트를 3채나 계약했다. 들어간 돈이야 1억원 정도인 셈이지만, 보통 사람 같으면 아파트를 세 채나 계약한다는 것은 생각조차 하기 어려운 일이다. 중도금 대출 규모만 봐도 1채당 2억원으로 6억원 수준인데, 대개의 경우 나중에 계획이 틀어질 것을 염려하여 그런 결정을 내릴 수가 없는 것이다.

D씨가 사둔 아파트는 처음 몇 달간 가격 변동이 없다가 점차 오르기 시작했다. 3채를 사두었으니 약간만 올라도 3배의 차익을 실현할 수 있는 것인데,

그도 내심 걱정이 되어 중간에 하나씩 처분을 하게 되었다.

처음 판 것은 3,000만원 정도를 남겼고, 두 번째 것은 2년쯤 후에 팔아 6,000만원을 남겼는데, 마지막 한 채는 끝까지 가보자는 심정으로 계속 보유했다고 한다. 아파트 2채를 처분하고 얻은 소득 9,000만원으로 투자한 원금은 거의 회수되었으니, 나머지는 끝까지 가지고 있다가 어떻게 변하나 결과를 보고 싶었다나.

왜냐하면 그가 투자한 포인트는 분당 사람들이 이사를 올 것이라는 예측 때문이었기 때문에 실제로 그렇게 될 것인지 결과를 알고 싶었던 것이다. 물론 집값도 올랐으니 입주시에 있을 수익도 기대하지 않았다면 거짓말이겠지만.

그런데 입주가 시작되어 설레는 마음으로 시세를 물었더니 프리미엄이 1,000만원도 안 된다는 것이다. 이유를 알고 보니 건설회사가 중도금 무이자 대출을 알선하고 대신 이자를 납입하였는데, 입주일이 지정된 후에는 분양을 받은 사람이 이자를 내야 했던 것이다. 그래서 이자가 부담스러운 사람들이 너도나도 매물을 내 놓으니 프리미엄이 확 떨어졌던 것이다.

D씨는 대출이자를 내면서 기다리겠다는 결정을 내렸다. 보통 무이자로 분양하는 아파트의 경우 입주시에는 전세금이나 프리미엄이 떨어지나, 입주가 만료되고 6개월 정도 지나면 제값을 받으리라는 확신을 갖고 있었기 때문이다. 그래서 그는 대출금 2억원에 월 100만원씩 이자를 내면서 기다렸다.

그랬더니 정말 6개월 후 부동산 중개업소에서 연락이 와서 1억원을 얹어줄 테니 아파트를 팔라고 했다고 한다. 불과 6개월 사이에 없다시피 하던 프리미엄이 발생한 것이다.

D씨는 아파트 매매를 쉽게 하기 위해 전세도 놓지 않았으니, 어떻게 보면 무모하다시피 한 행동이지만 나름대로의 확신이 있었기 때문에 기다릴 수 있었다고 한다.

D씨는 프리미엄이 1억원이 넘어간 시점에서 아파트를 팔았는데, 이것이 끝은 아니었다. 그 후로 죽전지구 아파트는 분당 아파트의 급등과 맞물려 45평형 아파트가 7~8억원을 호가했고, 사실상 더 큰 이익을 낼 수도 있었던 일이다. 그래도 D씨는 자신의 예측이 그 정도면 달성이 됐다 싶었을 때 팔았기 때문에 미련은 없단다.

만약 그가 그 아파트 3채를 끝까지 가지고 갔다면 어땠을까. 물론 정말 큰 수익을 얻을 수도 있었겠지만, 오히려 더 못한 결과를 낳았을 수도 있기 때문에 단순히 비교하기는 어렵다.

3채면 12억원 이상의 순이익을 볼 수 있었겠지만, 대출금을 안고 끝까지 갈 수도 없었거니와, 입주시까지 팔리지 않았을 경우 모든 것을 잃을 수도 있는 상황이었기 때문이다.

D씨는 죽전지구 아파트에 1억원을 투자해 2억원 정도를 벌어들였으니, 200%의 수익률을 얻은 셈이다.

중동 신도시 아파트 투자 사례

결국 투자라는 것은 정보를 얻는 것도 중요하지만,
본인이 판단하여 적극적으로 행동에 옮겨야 한다.
움직이지 않으면 아무 일도 생기지 않기 때문이다.

어느 날 P씨에게 친구로부터 전화가 한 통 왔다. 일산 신도시 옆의 행신지구 아파트에 사는 친구인데, 넓은 아파트로 이사를 하려는 생각에 계약금을 걸고 채 한 달이 지나지 않아 1억원 정도가 올랐다는 이야기이다.

그 친구의 경우 33평형 아파트에 살고 있었는데, 이사하려고 계약한 아파트가 45평형이라고 한다.

그 당시는 판교 분양으로 이어진 분양가 상승 여파로 분당의 중대형 아파트

가격이 수직 상승할 때였다. 이 여세가 평촌, 산본, 일산으로 이어지던 때인데, 그 친구가 행신지구에 45평형 아파트를 계약한 시점에 일산 신도시까지 그 여파가 미쳤고, 단기간 내에 그 옆에 위치한 화정지구까지 가격이 상승했던 것이다.

친구에게 이런 전화를 받고 난 후 P씨가 현 상황을 분석하니 1기 신도시 지역이 전체적으로 오르고 있었는데, 위와 같이 판교에서 시작된 가격상승 효과가 퍼져 나가고 있다는 점이 파악되었다고 한다.

P씨의 경우 중동 신도시 지역에 살고 있었는데, 중동의 부동산 시세를 알아보니 48평형이 약 3억5,000만원 정도였다. 기타 신도시 지역이 7~8억원을 호가하고 있던 것에 비교하면 매우 낮은 가격이었다.

P씨는 이같은 가격 차이가 시간이 지나면서 극복되리라고 생각하여, 중대형 평형을 사기 위해 부동산 중개업소를 찾았다. 그리하여 중동 신도시에서 중대형 평형으로만 구성된 50평형 아파트를 3억8,000만원에 계약하고 잔금 날짜를 2개월 후로 정했다.

아니나 다를까 계약을 하고 1개월도 지나지 않아 가격상승 움직임이 중동 신도시까지 밀려들었다. 각 아파트 단지에서는 얼마를 받아야 한다느니, 왜 같은 1기 신도시 아파트인데 왜 중동만 가격이 반토막이냐느니 하여 아파트 부녀회를 중심으로 들고 일어나기 시작했다. 나중에는 가격 담합을 하는 아파트가 문제시되어 부녀회를 처벌한다는 이야기까지 나올 정도였다.

P씨는 아파트를 사면서 다른 친구들에게 투자를 권했지만 선뜻 나서는 사람이 없었고, 나중에서야 P씨의 말을 듣지 않은 것을 후회했다고 한다.

왜냐하면 계약하고 2개월도 되지 않은 시점에서 시세가 6억원 가까이 급상승하였던 것이다. 아마 가격이 상대적으로 저렴해서 투자자들의 관심을 끌었을 것이고, 부녀회의 가격 담합도 한 몫을 했을 것이라 여겨진다.

P씨는 이왕 가격이 올랐고, 처음 산 가격보다 떨어지지는 않을 것이라는 생각에 이 아파트로 입주를 하였다.

차후에 이 아파트는 7억5,000만원을 넘겼는데, 내가 보기에는 분명 거품이 있는 가격이라 1년 정도 지나면 거래 가격이 정상 수준으로 형성되리라고 여겨진다. 그러나 중대형을 선호하는 사람들이 늘어나는 추세라서 급격한 가격 하락은 일어나지 않을 것이다.

P씨의 경우, 친구의 전화 한 통을 소홀히 듣지 않고 좋은 투자기회로 삼은 케이스다. 앞에서 말한 것처럼 세상일에 관심을 갖고 몸소 실천한 결과물인 셈이다. P씨가 이런 상황을 친구들에게 알려주고 조언했음에도 불구하고 실제로 실천한 사람이 없으니, 좋은 기회를 날린 것이 아닌가.

결국 투자라는 것은 정보를 얻는 것도 중요하지만, 본인이 판단하여 적극적으로 행동에 옮겨야 한다. 움직이지 않으면 아무 일도 생기지 않기 때문이다.

항동 아파트 투자 사례

결국 투자라는 것은 정보를 얻는 것도 중요하지만,
본인이 판단하여 적극적으로 행동에 옮겨야 한다.
움직이지 않으면 아무 일도 생기지 않기 때문이다.

T씨는 평소 술을 좋아하여 술자리를 자주 갖는다. 그가 어느 날 친구와 술을 마시기로 했는데, 그 친구가 건설회사 현장소장을 하는 사람과 같이 와서 통성명을 하고 함께 술을 먹었다.

그런데 그 사람이 다니는 회사에서 인천 항동의 5층짜리 아파트 재건축을 추진하고 있다는 이야기를 하는 게 아닌가. T씨가 다음날로 그 아파트의 시세를 알아보니, 18평짜리 아파트가 5,000만원밖에 하지 않아 즉시 구입을 했다.

나중에 알고 보니 그쪽의 환경이 매우 열악하여 재건축을 해도 사업성이 떨어져 추진하지 않는다는 것이다. P씨는 5,000만원이면 그냥 묶어둬도 괜찮 겠다고 여겨 그냥 잊어버리기로 했다.

한 2년쯤 지났을까. 신문에서 그 아파트에 대한 기사가 나왔다. 그 아파트 를 헐어 항만시설로 쓰고 대신 송도에 있는 부지를 대토로 준다는 기사였다. 그나마도 추진하고 있다는 것도 아니고 단순한 추측성 기사였다. 그런데 당시 송도 아파트가 인기가 좋아, 송도 지역의 땅값이 급등세를 타고 있던 때라 분 명 호재가 온 것이다.

그 소식이 점차 퍼지면서 항동에 사둔 아파트의 가격이 오르기 시작했는데, 순식간에 1억원에서 다시 2억원으로 오르는 것이다. 확정되지 않은 내용임에 도 불구하고 시장이 과민하게 반응하여 기정사실처럼 받아들여진 것이다.

지금 그 아파트는 2억7,000만원 정도의 가격을 형성하고 있다.

P씨의 경우 이런 호재를 미리 알아 투자한 것도 아니고, 재건축이 추진된다는 거짓 정보에 움직인 셈이 되는데, 중요한 것은 어떤 정보를 들었을 때 그냥 흘려 듣지 않는 능력과, 그 정보를 활용하여 빨리 행동할 수 있는지 여부이다. 여기에 언젠가는 오를 것이라는 확신을 가지고 기다린 것도 투자의 성공요인이다.

부동산 투자를 보면 부동산을 구입할 때의 시점과, 확신이 있을 때의 보유, 팔 때의 시점을 잘 판단해야 수익을 극대화할 수 있다. 그러나 말이 쉽지 실제 로 판단하고 행동하려면 얼마나 어렵겠는가.

주식투자 격언 중에 "무릎에서 사서 어깨에서 팔라"는 말이 있다. 이는 약 간 오를 때 사고, 더 오를 여지가 있을 때 최고점 바로 밑에서 팔아야 한다는 이야기이다. 이 말은 부동산 투자에도 적용할 수 있는 금언(金言)이 아닌가.

說
Tech

연말정산 세테크

양도소득세 세테크

월급생활자가 세금을 잘 관리하면 연말에 보너스를 받듯이 세금을 환급받을 수 있다. 일상생활에서 연말정산을 염두에 두고 지출을 관리하다 보면, 충분한 세금 환급을 받을 수 있는데, 이렇게 해서 얻는 돈도 종자돈 마련의 한 방편이 되는 것이다.

연말정산에서 최대한 환급을 받으려면 일단 세금 구조를 알아야 한다. 지피지기는 백전백승이라고 하지 않는가. 매년 나오는 연말정산 책자를 한 번만 정독하자. 그렇게 흐름을 익힌 뒤에는 변경된 것만 보면 되기 때문이다.

세금의 기본구조는, 소득 금액에서 각종 항목을 공제한 후 과세표준금액에 일정한 세율을 곱하여 내게 되어 있다. 직장인 입장에서 소득은 관리할 수 있는 부분이 아니기 때문에, 각종 공제제도를 활용하는 것이 연말정산시 받을 수 있는 환급금의 금액을 결정하게 되는 것이다.

연말정산의 세금환급은 금액이 중요하다기보다는 기분일 수도 있다. 다들 얼마라도 환급을 받거나 최소한 더 내는 사람은 없는데, 나 혼자 더 내야 할 때의 기분이란 당해본 사람만이 이해할 것이다.

이제부터 언급하는 것은 공제항목 중 간과하기 쉬운 부분들이다. 잘 익혀두었다가 몰라서 공제를 받지 못하는 일을 겪지 않도록 하자.

연말정산의 내용을 숙지하여 염두에 두고 지출하면 새해는 보너스를 타는 기분으로 즐겁게 맞을 수 있지 않을까.

① 인적 공제

기본적으로 본인, 배우자 및 부양가족 1인당 100만원씩 공제해준다. 부양가족 중 본인의 부모나 배우자의 부모와 동거하지 않을 경우 공제가 안 되는 것으로 오인하기 쉬운데, 이는 사실이 아니다. 특히 차남의 경우 부모나 장인·장모를 모시지 않으면 부양가족으로 올리지 못한다고 생각하는데, 이 역시 사실이 아니다.

장남이던 차남이던 본인의 부모나 장인·장모는 주민등록상으로 동거하지 않아도 공제혜택을 받을 수 있다.

단, 다른 사람이 이 분들을 공제대상에 포함하여 이중으로 등록될 경우는 해당되지 않는다. 따라서 아무도 이분들을 부양가족으로 하여 연말정산을 신청하지 않고 있는 상황이라면 장남이든 차남이든 상관없이 공제혜택을 받을 수 있다.

구체적인 금액을 놓고 보자.

부모님과 장인·장모를 부양자로 올리면 400만원이 되는데, 경로우대자(65세~69세)는 한 분당 100만원씩 추가되며, 70세 이상인 경우 한 분당 150만원이 추가된다.

추가분을 더해 600만원 정도로 잡고 세율이 17%라고 하면,

6,000,000원 × 17% = 1,020,000원

결과적으로 1,020,000원의 세금을 환급받을 수 있게 된다.

여기에 더해 장애인 공제가 있다. 연로하신 부모님인 경우 대개 지병이 있으시게 마련이다. 이 경우 장애인증명을 받을 수 있는지를 확인하는 것이 유리하다.

연말정산을 위해 부모님을 장애인으로 등록하라는 소리냐고 반문할 수 있는데, 굳이 그렇게 생각할 일은 아니다. 만일 이렇게 하여 해당이 된다면 장애인증명서를 발급받아 부모님께 드리면 각종 혜택도 받을 수 있을뿐더러, 이렇게 환급받은 돈을 부모님을 위해 써도 좋지 않겠는가.

해당사항은 병원에 가서 확인을 하고, 해당이 되면 200만원의 인적 공제와 뒤에 소개할 병원비 공제에도 유리하게 되므로 한번쯤 짚어볼만한 항목이다.

② 의료비공제

본인, 경로우대자, 장애인을 위해 지급한 의료비를 공제해주는 항목이다. 총 급여의 3%가 초과되는 금액부터 공제되므로, 의료비 지출시 항상 신경을 써야 한다. 예를 들어 연봉 3,000만원의 급여소득자는 90만원까지의 의료비

는 공제되지 않고, 이를 초과하는 금액부터 공제가 된다는 것이다.

③ 교육비 공제

본인의 경우 대학원 교육비를 포함하여 전액 공제된다.

고등학교 이하는 1인당 200만원까지 공제되며, 대학생 교육비는 1인당 700만원까지 공제된다.

단, 사내복지기금에서 받은 학자금, 각종 단체로부터 받은 장학금은 공제대상에서 제외된다.

④ 주택마련저축 공제

다음의 조건을 충족하는 사람에 한해 공제된다.

- 12월 31일 현재 세대주일 것
- 무주택자이거나 85㎡ 이하(기준시가 3억원 이하)의 1주택 소유자
- 청약저축, 장기주택마련저축 가입자일 것

⑤ 주택임차차입금 원리금 상환액 공제

다음의 조건을 충족하는 사람에 한해 공제된다.

- 근로자로서 12월 31일 현재 무주택 세대주일 것
- 청약저축, 장기주택마련저축 가입자일 것
- 국민주택규모의 주택을 임차하기 위해 저축 가입 금융기관에서 차입한 것일 것

청약저축과 장기주택마련저축은 불입액의 40%를 공제받을 수 있고, 주택임차차입금은 원리금 상환액의 40%를 공제받을 수 있으나, 공제액을 합산한 금액이 300만원을 초과하지 못한다.

⑥ 장기주택저당 차입금 이자 상환액 공제

다음의 조건을 충족하는 사람에 한해 공제된다.

– 근로소득이 있는 무주택 세대주

– 국민주택규모(85㎡) 이하이며 기준시가 3억원 이하의 주택

상환액의 범위는 당해 연도에 지급한 이자 상환액이며, 선납한 이자도 포함한다. 1,000만원 한도 내로 공제받을 수 있다.

⑦ 기부금공제

10만원까지 세액공제(100% 환급 효과)

※ 지정기부금_ 주로 종교단체에 헌금한 것이며 근로소득 금액의 10%를 차지하는 경우만 인정한다. 일부 직장인들이 기부금영수증을 실제 낸 것보다 많게 끊거나, 경우에 따라서는 다니지 않는 교회나 성당, 사찰에 다니는 것으로 하여 아는 사람을 통해 기부금영수증을 발급받는 경우도 있다. 그러나 공연히 많지 않은 금액으로 망신당할 수도 있으니 조심해야 한다.

⑧ 연금저축 공제

불입액 전액에 해당하며, 연 300만원 한도이다.

연금저축은 분기당 300만원이기 때문에 12월 말일 정도에 가입해도 연말정산에 포함된다. 따라서 연말에 여유자금이 있다면 비자금 삼아 연금저축에 가입해 놓으면 된다. 그리고 잊고 지내다가 다음 연말에 또 넣는 방식을 취하면 퇴직할 때 훌륭한 비자금이 될 것이다.

⑨ 신용카드 사용금액 공제

본인과 배우자 및 생계를 같이 하는 직계존비속이 사용한 카드금액 및 현금영수증 납부금액 중 일부를 공제해주는 제도이다.

총 급여의 15%를 초과하는 금액의 15%인데, 총 금액이 500만원을 초과하지 못하므로 적용률이 매년 축소되는 추세이다. 총 급여액의 15%를 초과하지 못하면 아무 소용이 없으므로, 지출시 카드 사용이 가능하면 반드시 카드를 사용하고, 현금 지급시는 현금영수증을 발급받도록 해야 한다. 특히 직계존비속이 현금을 사용할 경우에도 반드시 현금영수증을 받도록 하여, 총 급여의 15%를 초과시키는 것을 목표로 삼는 것이 좋다.

현금 영수증을 발급받고자 할 때 주민등록번호나 휴대폰 번호를 불러주어 등록을 할 수 있지만, 귀찮은 일이다. 이럴 때는 국세청 홈페이지에 접속하여 현금영수증 카드를 발급받도록 하자. 현금영수증 카드가 있으면 계산할 때마다 일일이 신상내용을 불러줄 필요 없이 카드로 처리할 수 있다.

　양도소득세는 부동산을 매도할 때 생기는 매매차액에 대한 세금으로, 점차 그 기준이 강화되고 있는 실정이다. 따라서 부동산을 매도할 때는 미리 비과세 요건을 갖추어 세금을 절감하도록 하자.

　보통의 경우 1세대 1주택자의 양도세 비과세 요건은 3년을 보유하는 것이다. 여기에 더해 서울, 과천 및 5대 신도시(분당, 평촌, 산본, 일산, 중동)는 3년 보유 요건에 2년 거주 요건이 추가된다.

　따라서 새로운 주택을 마련할 때는 기존에 소유하고 있는 주택에 대한 1세대 1주택 비과세 요건을 충분히 고려한 후 시기를 잡아야 한다.

① 비과세 또는 세금감면요건

- 주민증록상 1세대가 국내에 1주택만을 보유할 것 (배우자는 별거해도 동일세대로 취급함)

※ 다음의 경우는 배우자가 없어도 1세대로 본다.

- 양도자의 연령이 30세 이상이거나 30세 미만이라도 소득이 있을 때
- 배우자가 사망하거나 이혼한 경우
- 양도자가 당해 주택을 상속받은 경우

- 3년 보유 및 서울, 과천, 5대 신도시에서 2년 거주요건을 충족한 경우

이상의 모든 조건을 충족할 때 비과세 대상이 된다.

그러나 예외 없는 법은 없다. 이상의 조건을 갖추지 못해도 다음의 경우에는 비과세·감면혜택을 받을 수 있다.

- 취학, 1년 이상의 치료, 요양, 근무상의 형편으로 1년 이상 살던 주택을 팔고 세대원 모두가 다른 시, 군지역으로 이사할 경우
- 세대원 모두가 해외로 이민을 갈 경우
- 1년 이상 계속하여 국외거주를 필요로 하는 취학, 또는 근무상의 사유로 세대 전원이 출국하는 경우

여기서 반드시 알아두어야 할 것은 1년 이상 거주한 주택이어야 한다는 것과, 이사를 하던 출국을 하던 세대 전원이 함께 움직여야 한다는 것이다.

간혹 세대원 중 일부만 주민등록상 주소를 옮겨 놓고 3년 보유 요건을 갖추었다고 생각해 1세대 1주택 비과세 혜택을 받고자 할 때가 있다. 그러나 이럴

때 세대 전원이 거주하지 않았기 때문에 양도세를 전액 납부하는 경우가 있다. 작은 실수가 엄청난 경제적 손실을 초래할 수 있는 것이니, 주택 매입시점에는 신중하게 판단하여 결정하도록 하자.

② 어차피 낼 거라면 예정신고를 하라

양도세가 과세되는 부동산을 양도한 사람은, 양도한 날이 속하는 달의 말일부터 2개월 안에 예정신고를 하는 것이 좋다.

예정신고를 할 경우 10%의 세액 공제를 받을 수 있다. 내야 할 세금이 500만원이라면 미리 자진 신고하여 50만원을 공제받을 수 있다.

③ 부부 공동명의를 활용하라

세법은 누진세 구조로 되어 있어, 과세표준금액이 높을수록 세금이 기하급수적으로 늘어난다. 따라서 같은 양도차액이라도 부부 공동명의로 하면 1/2이 되어 산정되기 때문에 낮은 세율을 적용받을 수 있다. 이것은 상속을 받을 때도 마찬가지이다.

그러나 세금 아끼려고 공동명의로 등기했다가 훗날 부부지간에 재산다툼으로 정을 상할 수 있다는 점을 고려해야 한다. 좋을 때야 다 좋겠지만 사람일이란 알 수 없는 것이다.

④ 양도 순서를 잘 선택하라

다주택자인 경우 양도세 부담이 적은 주택부터 차례로 처분하고, 투기지역

에 있는 주택보다 비투기지역에 있는 주택을 먼저 처분하는 것이 세금을 절약

하는 방법이다.